David Graeber

# Fragmente einer anarchistischen Anthropologie & Einen Westen hat es nie gegeben



UNRAST

David Graeber

# Fragmente einer anarchistischen Anthropologie & Einen Westen hat es nie gegeben

aus dem Amerikanischen übersetzt
von Werner Petermann

mit einem Vorwort
von Ayça Çubukçu

aus dem Englischen übersetzt
von Felix Schüring

UNRAST

David Graeber
Fragmente einer anarchistischen Anthropologie &
Einen Westen hat es nie gegeben
mit einem Vorwort von Ayça Çubukçu
2. Auflage, Februar 2025
ISBN 978-3-89771-193-8


Fuggerstr. 13 a, 48165 Münster
www.unrast-verlag.de – kontakt@unrast-verlag.de
Mitglied in der assoziation Linker Verlage (aLiVe)

Originalausgabe


Umschlag: cuore, Berlin; Typographie von Clive Russel
Satz: UNRAST Verlag, Münster
Druck: Multiprint, Kostinbrod

# Inhalt

* Im deutschsprachigen Raum existieren unterschiedliche Fachbezeichnungen. Historisch als *Völkerkunde* bezeichnet, tragen die meisten Studiengänge und Institute an deutschsprachigen Universitäten das Wort *Ethnologie* oder *ethnologisch* im Titel (die Bezeichnung Völkerkunde ist nahezu vollständig verschwunden und findet sich nur noch in seltenen Fällen im Namen von Museen, wobei die meisten ebenfalls umbenannt wurden). In den USA ist das Fach als *cultural anthropology* und in Großbritannien als *social anthropology* bekannt. In den letzten Jahren gab es teilweise eine Übernahme dieser Bezeichnungen ins Deutsche und die Bezeichnungen Kulturanthropologie und/oder Sozialanthropologie existieren mittlerweile relativ gleichberechtigt neben der Bezeichnung Ethnologie (der zentrale deutsche Fachverband wurde beispielsweise 2017 in *Deutsche Gesellschaft für Sozial- und Kulturanthropologie* umbenannt). Der Übersetzer der hier vorliegenden Texte von David Graeber hat sich für die kurze und direkte Form *Anthropologie* entschieden (im Englischen ist die Kurzbezeichnung *anthropology* nicht unüblich). Es sei hier jedoch angemerkt, dass historisch unter dieser Bezeichnung ohne Zusatz im deutschsprachigen Raum vornehmlich die biologische Anthropologie verstanden wurde, die ein eigenes naturwissenschaftliches Fach darstellt und auf die sich Graeber hier nicht bezieht. (A.d.Ü.)

# Vorwort zu Fragmente einer anarchistischen Anthropologie

Ayça Çubukçu

Zum Zeitpunkt eines weltweit wahrhaft explosionsartig angestiegenen Interesses am Anarchismus erschien 2004 David Graebers *Fragmente einer anarchistischen Anthropologie** (im Folgenden als *Fragmente* bezeichnet), ein kurzer aber einflussreicher Text, der sich einer festen Genrezuschreibung zu entziehen scheint. Graeber bezeichnet ihn als Pamphlet, »eine Reihe von Gedanken, Skizzen zu möglichen Theorien und Kleinstmanifesten« (S. 17). Dieses Pamphlet in seiner Gänze zusammenzufassen und zu besprechen ist auf diesen wenigen Seiten unmöglich, nicht nur aufgrund seiner fragmentarischen Beschaffenheit, sondern insbesondere, weil es – retrospektiv betrachtet – die Samen vieler der zentralen Argumente enthält, die Graeber im weiteren Verlauf seines Lebens entwickeln sollte. Ich werde mich daher darauf beschränken, einige der grundlegenden Elemente für die Art von Sozialtheorie nachzuzeichnen, die Graeber uns in diesem mitreißenden Text vorschlägt. Allgemein formuliert versucht er in *Fragmente*, die Umrisse einer radikalen Sozialtheorie zu zeichen, die, in Graebers Worten, »im Sinne derjenigen ist, die eine Welt zu gestalten versuchen, in der die Menschen die Freiheit haben, ihre Angelegenheiten selbst in die Hand zu nehmen« (S. 26). Das ist charakteristisch für Graeber: der Wunsch, die Sozialtheorie – insbesondere die anthropologische – für radikale Bewegungen auf nützliche Weise interessant zu machen und radikale Bewegungen – insbesondere anarchistische – nützlich und interessant für die Sozialtheorie zu machen.

In *Fragmente* geht er der von ihm so bezeichneten »seltsamen Affinität« zwischen Anarchismus und Anthropologie nach (S. 28). Er stellt fest, »dass im anthropologischen Denken etwas war – ein scharfes Bewusstsein von der enormen Spannbreite menschlicher Möglichkeiten –, das es gleich von Anfang an in die Nähe des Anarchismus rückte« (S. 29). Graeber selbst war von dieser Spannbreite menschlicher Möglichkeiten in Vergangenheit und Gegenwart fasziniert, die der scheinbaren Unvermeidbarkeit unserer aktuellen gesellschaftlichen und politischen Institutionen etwas entgegensetzen und gleichzeitig die Hoffnung auf eine kollektivere Lebensweise nähren könnte, mit größeren Freiheiten in egalitäreren Verhältnissen.

Graeber kann dieser seltsamen Affinität zwischen Anthropologie und Anarchismus in *Fragmente* deshalb nachgehen, weil der Anarchismus für ihn kein Theoriegebäude ist, das im 19. Jahrhundert von ›Gründungsvätern‹ wie Bakunin, Kropotkin und Proudhon hinterlassen wurde und das man daher vollumfänglich übernehmen müsste. Stattdessen ist er für ihn mehr eine bestimmte Einstellung oder gar ein *Glaube*, der unter Anarchist*innen geteilt wird (S. 20). Der Anarchismus, so Graeber, kann als Glaube gedacht werden, der »die Zurückweisung bestimmter Formen gesellschaftlicher Beziehungen, die Zuversicht, dass gewisse andere Formen sich sehr viel besser eigneten, um eine lebenswerte Gesellschaft darauf zu gründen, den Glauben, dass eine solche Gesellschaft tatsächlich bestehen könnte«, beinhaltet (ebd.). Aber auch die ›Gründungsväter‹ des Anarchismus dachten nicht, dass sie irgendetwas Neues erfinden würden. Sie vertrauten einfach auf die Annahme, dass, in Graebers Worten, die »grundlegenden Prinzipien des Anarchismus – Selbstorganisation, freiwilliger Zusammenschluss, gegenseitige Hilfe – auf Formen menschlichen Verhaltens [verwiesen], von denen sie annahmen, dass sie existierten, seit es Menschen gibt. Gleiches gilt für die Ablehnung des Staates und aller Formen struktureller Gewalt, Ungleichheit oder Herrschaft« (S. 19). Es scheint diese Annahme über die Geschichte der Menschheit zu sein, die *Anfänge* (2022) siebzehn Jahre nach der erstmaligen Veröffentlichung von *Fragmente* als wahr zu beweisen versucht.

In Graebers Vision jedenfalls könnte die Anthropologie als Disziplin den Glauben an die Möglichkeit einer anderen Welt stärken, indem sie uns ein Archiv alternativer Formen der Organisierung sozialer Beziehungen, ihrer bewussten Umgestaltung oder aber der völligen Abkehr von einigen von ihnen bietet. Doch um dazu in der Lage zu sein, den Glauben an eine andere Welt frei von »Staat, Kapitalismus, Rassismus und [der] Vormachtstellung der Männer« (S. 26) zu stärken, müsste eine Sozialtheorie zunächst selbst annehmen, dass sie möglich ist. Graeber bezeichnet dies als die erste Annahme, die eine jede radikale Sozialtheorie voraussetzt. »Sich für ein solches Prinzip einzusetzen, kommt fast einem Glaubensakt gleich«, folgert er, »denn lässt sich von solchen Dingen sichere Kenntnis erlangen? Unter Umständen könnte sich herausstellen, dass eine solche Welt *nicht* möglich ist« (ebd.). Ähnlich einer raffinierten theologischen Argumentation mit dem Ziel eines Gottesbeweises erklärt er weiter: »[Es] ließe sich argumentieren, dass es gerade die Unverfügbarkeit absoluten Wissens ist, die eine Parteinahme für den Optimismus zu einer moralischen Verpflichtung macht« (ebd.). Ich frage mich dennoch, ob Anthropolog*innen und andere zu solch einem an einen Glauben geknüpften Optimismus allein mittels rationaler Beweisführung gebracht werden können. Möglicherweise kann man *zum Glauben an die Möglichkeit einer anderen Welt inspiriert werden* und das ist es sicherlich, was David Graeber und die radikalen Bewegungen getan haben, die er so sehr schätzte.

Graebers zweite Annahme ist, dass jede radikale – und insbesondere anarchistische – Sozialtheorie sich bewusst jeder Form von Avantgardismus widersetzen müsste (S. 27). Seiner Meinung nach bietet die Ethnografie als anthropologische Methode ein besonders relevantes, wenn auch noch grobes und im Entstehen begriffenes Modell dafür an, wie eine »nicht-avantgardistische, revolutionäre intellektuelle Praxis funktionieren könnte« (S. 28). Das Ziel einer solchen Methode wäre es *nicht*, »die richtigen strategischen Analysen aus- und dann die folgsamen Massen [anzuführen]« (S. 27), sondern die impliziten Logiken – symbolische, moralische oder pragmatische – offen zu legen, die den Handlungen der Menschen bereits zugrunde liegen, selbst wenn sie sich ihrer selbst nicht völlig bewusst sind (S. 28). »Eine offenkundige Rolle für radikale Intellektuelle besteht genau darin«, schreibt Graeber in *Fragmente*, »auf jene zu achten, die gangbare Alternativen schaffen, die möglichen größeren Implikationen ihrer (bisherigen, schon gelebten) Tätigkeit herauszufinden und diese Ideen später zurückzugeben, nicht als Vorschriften, sondern als Beiträge, Möglichkeiten – Geschenke« (ebd.). Keine Vorschriften, sondern Beiträge, Möglichkeiten, Geschenke. Das ist es, was Graeber in seinen Texten angeboten hat – insbesondere in *Fragmente einer anarchistischen Anthropologie* (2004/2022), *Direkte Aktion* (2009/2013) und *Inside Occupy* (Dt. 2012)/*The Democracy Project* (Engl. 2013) – unabhängig davon, ob seine Geschenke von all denen, über die er geschrieben, gedacht und mit denen er zusammengearbeitet hat oder von denen er gelesen wurde, angenommen wurden oder nicht. Letzten Endes können Geschenke auch abgelehnt werden und Graeber erkannte selbst, dass nicht viel von dem, was er vorschlug und praktizierte, »viel Ähnlichkeit mit dem [hat], wie sich die Anthropologie, auch keine radikale Anthropologie, in den letzten circa hundert Jahren wirklich dargestellt hat« (ebd.).

Trotzdem wendet er sich den Anthropolog*innen zu, insbesondere Marcel Mauss, dessen Einfluss auf die Anarchist*innen er auslotet – und das trotz der Tatsache, dass Mauss über sie kein gutes Wort zu verlieren hatte. »Auf Anarchist*innen dürfte Marcel Mauss letzten Endes«, schreibt Graeber als würde er dabei auch sich selbst meinen, »gleichwohl mehr Einfluss gehabt haben als alle anderen Anthropolog*innen zusammengenommen. Und zwar deshalb, weil er sich für alternative Ethiken interessierte, die den Weg zu einem Denken freimachten, demzufolge Gesellschaften ohne Staatlichkeit und Märkte so waren, wie sie waren, weil sie ganz bewusst so zu leben wünschten. Was nach unseren Vorstellungen bedeutet: weil sie Anarchist*innen waren. Insofern eine anarchistische Anthropologie bereits in Fragmenten existiert, stammen diese weitgehend von ihm.« (S. 37) Meines Erachtens war auch Graebers eigenes Interesse an der Entwicklung einer anarchistischen Anthropologie von der Wertschätzung und Faszination für »alternative Ethiken« getrieben, die der bewussten Entscheidung von Menschen zugrunde liegen, anders zu leben – im anarchistischen Fall frei von Kapitalismus und Patriarchat, frei von Staat, struktureller Gewalt, Ungleichheit und Herrschaft.

»Das also meine ich mit alternativer Ethik«, schreibt Graeber in einem zentralen Abschnitt der *Fragmente*, in dem er über revolutionäre Gegenmacht nachdenkt und dabei bereits ein späteres Kernargument in *Anfänge* erahnen lässt: »Anarchistische Gesellschaften sind sich nicht weniger der menschlichen Befähigung zu Gier oder Eitelkeit bewusst als moderne Amerikaner*innen ihrer Befähigung zu Neid, Gefräßigkeit oder Trägheit; sie würden sie als Grundlage ihrer Zivilisation gleichermaßen unattraktiv finden. In der Tat sehen sie in diesen Phänomenen eine so furchtbare moralische Gefahr, dass sie ihr gesellschaftliches Leben weitgehend danach ausrichten, sie fernzuhalten« (S. 40). Das ist eine bemerkenswerte These. Erstens werden damit Ethik und Moral als die konstitutive und bewusst wahrgenommene Grundlage sozialer Organisation betrachtet. Zweitens wird dadurch deutlich gemacht, dass dies in der gesamten Menschheitsgeschichte der Fall ist, ob ›modern‹ oder ›vormodern‹.

Tatsächlich argumentiert Graeber, dass »jede wirklich politisch engagierte Anthropologie damit anfangen muss, sich ernsthaft mit der Frage auseinanderzusetzen, was, wenn überhaupt etwas, die von uns gern ›modern‹ genannte Welt vom Rest der menschlichen Geschichte ... unterscheidet« (36). In *Fragmente* ebenso wie in *Anfänge* weist er vertraute Periodisierungen der Geschichte und evolutionäre Entwicklungsstufen leidenschaftlich zurück, sodass die *Gesamtheit der Menschheitsgeschichte* – mitsamt aller über Raum und Zeit verteilten Gesellschaften, Völker und Zivilisationen – von Beispielen menschlicher Möglichkeiten bevölkert wird, umgesetzt von dezidiert schöpferischen, intelligenten, spielerischen, experimentierfreudigen, aufmerksamen, kreativen und sich politisch ihrer selbst bewussten Wesen.

Für Graeber besteht die Geschichte der Menschheit *nicht* aus einer Abfolge von Revolutionen (S. 49) – sei es nun die Neolithische Revolution, die Französische Revolution oder die Industrielle Revolution – mit der eindeutige gesellschaftliche, moralische oder politische Brüche in der Struktur der sozialen Realität einhergegangen wären – beziehungsweise in den ›Bedingungen des Menschseins‹ [human condition], wie er es zu bezeichnen vorzieht. Wenn dies der Fall ist und wenn der Anarchismus vorrangig eine *Ethik der Praxis* (S. 113) ist, wie er behauptet, dann wird eine solche Ethik sowohl zum möglichen Gegenstand anthropologischer Untersuchung als auch – durch die gesamte Menschheitsgeschichte hindurch – zur Quelle politischer Inspiration.

Es ist allerdings wichtig anzumerken, dass Graeber den primitivistischen Anarchist*innen vehement widerspricht, die von dem einflussreichen Essay *The Original Affluent Society* (1968) seines Mentors Marshall Sahlins inspiriert wurden und die behaupten, »dass es einst eine Zeit gab, als Entfremdung und Ungleichheit nicht existierten, als alle jagende und sammelnde Anarchist*innen waren, und dass es daher nur dann zu einer wirklichen Befreiung kommen kann, wenn wir die ›Zivilisation‹ aufgeben« (S. 68f.). In *Fragmente*, wie auch in *Anfänge*, zeigt er stattdessen eine weitaus komplexere Geschichte von *endloser Variation* auf, in der es beispielsweise »Jäger-Sammler-Gesellschaften [gibt] mit Adeligen und Versklavten, es gibt Ackerbaugesellschaften, die ausgesprochen egalitär sind« (S. 69). Graeber betont mit Nachdruck, zunächst in *Fragmente* und dann erneut in *Anfänge*, dass »Menschen niemals wirklich im Garten Eden lebten« (ebd.). Die Bedeutung dieser Erkenntnis ist vielschichtig. Unter anderem bedeutet es, dass die Geschichte für uns »auf viel interessantere Weise ... nutzbar« gemacht werden kann und dass »radikale Theoretiker*innen nicht mehr endlos über den immergleichen, unzulänglichen Jahren revolutionärer Geschichte brüten müssen« (ebd.).

In *Fragmente* weist Graeber die gewohnte Definition von Revolution zurück, die »stets etwas in der Art eines Paradigmenwechsels zur Voraussetzung hat: einen klaren Bruch, einen entscheidenden Riss in der Beschaffenheit der gesellschaftlichen Realität, wonach alles anders läuft und frühere Kategorien nicht mehr anwendbar sind« (S. 57). Stattdessen drängt er uns dazu, aufzuhören, »die Revolution als eine Sache zu begreifen – ›die‹ Revolution, die große kataklysmische Wende –, und stattdessen die Frage [zu] stellen: ›Was ist revolutionäres Handeln?‹« (S. 60). Er betont: »Revolutionäres Handeln ist jede kollektive Aktion, die eine bestimmte Form der Macht oder Herrschaft ablehnt, sich ihr deshalb entgegenstellt und so gesehen durch dieses Tun gesellschaftliche Beziehungen – selbst innerhalb des Kollektivs – neu einrichtet« (ebd.) und dass damit nicht unbedingt der Sturz einer Regierung oder – wo wir gerade dabei sind – des Leiters eines anthropologischen Instituts beabsichtigt werden muss.

Die letzte Möglichkeit erwähne ich mit Blick auf Graebers humorvolle Art, um uns wieder in das Hier und Jetzt zurückzuholen und damit zum abschließenden Teil der *Fragmente* mit dem Titel »Anthropologie«, »worin der Autor etwas unwillig die Hand beißt, die ihn füttert« (S. 113). Graeber beobachtet, wie Anthropolog*innen, anstatt irgendeine Art von radikaler Politik zu entwickeln, »riskierten, bloß zu einem weiteren

Rädchen im Getriebe einer globalen ›Identitätsmaschinerie‹ zu werden«, einem »den ganzen Planeten umfassende System von festen Gewohnheiten und Anmaßungen«, wodurch alle Diskussionen über das Wesen politischer und wirtschaftlicher Alternativen vorüber zu sein scheinen und »die einzige Möglichkeit, jetzt noch politische Forderungen geltend machen zu können, darin bestehe, eine bestimmte Gruppenidentität einzufordern, wobei, was Identität ist, im Voraus festgelegt ist« (S. 119). Und er konstatiert scharfzüngig, dass die »Blickwinkel der Anthropolog*innen und der globalen Marketingmanager*innen fast ununterscheidbar« geworden sind (S. 118).

Doch was schlägt Graeber stattdessen für die Anthropologie vor? Er beobachtet, dass Anthropolog*innen »tatsächlich auf einem riesigen Archiv an menschlicher Erfahrung, von sozialen und politischen Experimenten, über die niemand sonst wirklich Bescheid weiß«, sitzen und bedauert, dass dieses Archiv der menschlichen Erfahrung von ihnen als »unser kleines schmutziges Geheimnis« (S. 114) behandelt wird. Natürlich erkennt Graeber ohne zu zögern an, dass es koloniale Gewalt war, die ein solches Archiv überhaupt erst möglich gemacht hat: »Das Fach, so wie es uns heute bekannt ist, wurde durch entsetzliche Systeme der Eroberung, der Kolonisierung und des Massenmordes ermöglicht – wie eigentlich die meisten modernen akademischen Disziplinen« (ebd.). Nichtsdestotrotz macht Graeber den kühnen Vorschlag, dass »[d]ie Ergebnisse der Ethnografie – und die ethnografischen Methoden – eine enorme Hilfe sein« könnten für radikale Bewegungen auf der ganzen Welt, wenn die Anthropolog*innen »ihr – wenngleich verständliches – Zögern aufgäben, das sich ihrer eigenen, oft schmutzigen Kolonialgeschichte verdankt, und sich darauf verstünden, das, worauf sie sitzen, nicht als schuldhaftes Geheimnis zu betrachten (das nichtsdestotrotz ihr schuldhaftes Geheimnis ist und niemandes sonst), sondern als gemeinsamen Besitz der Menschheit« (S. 112).

Zum Ende hin möchte ich anmerken, dass der Anarchismus und das anthropologische Wissen über anarchistische Ethik, Praxis und Imagination im Lauf der Menschheitsgeschichte Teil eines »gemeinsamen Besitz[es] der Menschheit« (ebd.) sind, zu dem sich nun auch Graebers eigene Beiträge zur anarchistischen Theorie und Praxis gesellen, gemeinsam mit seiner beeindruckenden Vision ihrer möglichen Vergangenheiten und Zukünfte. Ich schließe mit einer besonders inspirierenden Passage der *Fragmente*, die wir als Aufruf verstehen könnten, uns gedanklich und praktisch für die Möglichkeit einer anarchistischen Zukunft einzusetzen:

> *»[A]narchistische Organisationsformen [würden] keinerlei Staatsähnlichkeit aufweisen .... [Es käme] eine unendliche Vielfalt von Gemeinschaften, Vereinen, Netzwerken, Projekten in jeder denkbaren Größenordnung ins Spiel, die sich auf jede uns vorstellbare Art und Weise – und womöglich auf viele unvorstellbare – überlappten und überschnitten. Manche waren ziemlich lokal, andere global. Von niemandem würde verlangt, bewaffnet zu erscheinen und anderen den Mund zu verbieten und sie herumzukommandieren. Vielleicht wäre dies ihre einzige Gemeinsamkeit – und dass, weil Anarchist*innen wirklich auf keinem nationalen Territorium versuchen würden, die Macht zu ergreifen, der Prozess der Ablösung eines Systems durch ein anderes nicht die Form einer plötzlichen revolutionären Katastrophe – der Erstürmung einer Bastille, des Sturms auf ein Winterpalast – annähme, sondern notgedrungen allmählich verlaufen müsste, durch die Schaffung alternativer Organisationsformen im Weltmaßstab, neuer Formen der Kommunikation, neuer, weniger entfremdeter Formen der Lebensgestaltung, die gegenwärtig existierende Formen der Macht letztendlich als dumm und nebensächlich erscheinen lassen würden. Was wiederum hieße, dass es zahllose Beispiele eines machbaren Anarchismus gibt.« (S. 55)*

In *Fragmente einer anarchistischen Anthropologie* schreibt Graeber über Madagaskar, dass »niemandem volle Autorität zukommt, bevor die oder der Betreffende nicht tot« ist (S. 74). Ich denke, wir stehen nun vor der Aufgabe, mit Graebers ›voller Autorität‹ auf anarchistische Weise umzugehen. Wir sollten ihn daher nicht durch Vergötterung oder Kanonisierung versteinern, sondern stattdessen seine Beiträge zu Anthropologie und Anarchismus gleichermaßen als Einladungen zum Denken, Spielen und Experimentieren verstehen.

# Fragmente einer anarchistischen Anthropologie

(2004)

**Anarchismus**: Name für ein Lebens- und Verhaltensprinzip oder die entsprechende Theorie, wonach eine Gesellschaft ohne Regierung denkbar ist – die Eintracht in einer solchen Gesellschaft käme nicht durch Unterwerfung unter ein Gesetz oder Gehorsam gegenüber irgendeiner Autorität zustande, sondern durch freie Übereinkunft zwischen den verschiedenen Gebiets- und Berufsgruppen, die sich zum Zwecke von Produktion und Konsumtion sowie für die Befriedigung der unendlich vielfältigen Bedürfnisse und Bestrebungen eines zivilisierten Lebewesens frei zusammengeschlossen haben.

*Pjotr Kropotkin* (*Encyclopedia Britannica*)

Wenn du kein Utopist bist, dann bist du im Grunde ein Schwachkopf.

*Jonothon Feldman* (*Indigenous Planning Times*)

Was folgt, ist eine Reihe von Gedanken, Skizzen zu möglichen Theorien und Kleinstmanifesten – sie alle sollen einen flüchtigen Blick gestatten auf ein Korpus radikaler Theorie in Umrissen, wie es so in Wirklichkeit nicht existiert, obgleich es möglicherweise irgendwann in Zukunft existieren wird.

Weil es sehr gute Gründe dafür gibt, warum eine anarchistische Anthropologie wirklich existieren sollte, könnten wir mit der Frage anfangen, warum es sie nicht gibt – oder, was das angeht, warum es keine anarchistische Soziologie und keine anarchistischen Wirtschaftswissenschaften gibt, warum anarchistische Literaturtheorie oder anarchistische Politikwissenschaften nicht existieren.

## Warum gibt es so wenige Anarchist*innen an den Universitäten?

Die Frage ist durchaus relevant, da der Anarchismus als politische Philosophie gerade jetzt eine wahre Explosion erlebt. Anarchistische oder vom Anarchismus angeregte Gruppen haben überall Zuwachs; längst nicht mehr finden sich traditionelle anarchistische Grundsätze – Autonomie, freiwillige Vereinigungen, Selbstorganisation, gegenseitige Hilfe, direkte Demokratie – in der Globalisierungsbewegung nur auf der Basis der Organisation, schon spielen sie in radikalen Bewegungen jeglicher Couleur weltweit die gleiche Rolle. Revolutionär*innen in Mexiko, Argentinien, Indien reden immer weniger von Machtergreifung und beginnen stattdessen radikal andere Ideen darüber zu formulieren, was Revolution überhaupt bedeuten könnte. Zugegeben: Die meisten scheuen letzten Endes davor zurück, das Wort »anarchistisch« tatsächlich zu verwenden. aber der Anarchismus hat, worauf Barbara Epstein jüngst hingewiesen hat, inzwischen weitgehend den Platz besetzt, den der Marxismus in den sozialen Bewegungen der Sechzigerjahre einnahm: selbst jene, die sich selbst nicht als Anarchist*innen begreifen, glauben, sich in Bezug auf ihn definieren zu müssen, und bedienen sich seiner Ideen.

Im akademischen Bereich hat das alles jedoch kaum seine Widerspiegelung gefunden. Die meisten Akademiker*innen scheinen nur die verschwommenste Vorstellung davon zu haben, worum es beim Anarchismus überhaupt geht; oder sie tun ihn mit den gröbsten Klischees ab. (»Anarchistische Organisation! Ist das nicht ein Widerspruch in sich?«) In den Vereinigten Staaten gibt es Tausende von akademischen Marxist*innen der einen oder anderen Art, aber kaum ein Dutzend Professor*innen, die bereit sind, sich offen als Anarchist*innen zu bezeichnen.

Sind die Akademiker*innen einfach noch nicht so weit? Möglich ist es. Vielleicht werden die Universitäten in den nächsten Jahren von Anarchist*innen überrannt. Aber ich mache mir keine großen Hoffnungen. Es hat den Anschein, als verspürte der Marxismus eine Neigung zum Akademischen, wie sie der Anarchismus nie haben wird. Schließlich war Ersterer die einzige große soziale Bewegung, die von einem Doktor der Philosophie ausging, auch wenn daraus später eine Bewegung zur Mobilisierung der Arbeiterklasse wurde. Die meisten geschichtlichen Darstellungen des Anarchismus sind der Ansicht, dass es mit ihm im Grunde genommen ähnlich war: Der Anarchismus wird als das geistige Produkt bestimmter Denker des 19. Jahrhunderts – Proudhon, Bakunin, Kropotkin u.a. – vorgestellt. Dann ließen sich Organisationen der Arbeiterklasse von ihm inspirieren, er verstrickte sich in politische Auseinandersetzungen, spaltete sich in Sekten auf … in den üblichen Beschreibungen erscheint der Anarchismus gewöhnlich als der ärmere Vetter des Marxismus, in theoretischer Hinsicht etwas unbeholfen, aber was ihm im Kopf fehle, mache er durch Leidenschaft und Ernsthaftigkeit vielleicht wieder wett. Doch tatsächlich ist die Analogie bestenfalls bemüht … Die »Gründerfiguren« des 19. Jahrhunderts sahen sich selbst nicht als Erfinder*innen von etwas, das besonders neu gewesen wäre. Die grundlegenden Prinzipien des Anarchismus – Selbstorganisation, freiwilliger Zusammenschluss, gegenseitige Hilfe – verwiesen auf Formen menschlichen Verhaltens, von denen sie annahmen, dass sie existierten, seit es Menschen gibt. Gleiches gilt für die Ablehnung des Staates und aller Formen struktureller Gewalt, Ungleichheit oder Herrschaft (wörtlich bedeutet Anarchismus »ohne Herrscher«), es gilt sogar für die Annahme, dass alle diese Formen irgendwie miteinander verwandt seien und sich gegenseitig verstärkten. Nichts davon wurde als aufregende neue Lehre präsentiert. Und es war ja auch nicht so: Zu allen Zeiten finden sich in der Geschichte Berichte über Menschen, die ähnlich argumentiert haben, auch wenn alles dafür spricht, dass solche Ansichten die meiste Zeit und an den meisten Orten kaum eine Chance hatten, schriftlich festgehalten zu werden. Wir sprechen nämlich weniger über ein Theoriegebäude als über eine Haltung oder vielleicht könnte man sogar sagen über einen Glauben: die Zurückweisung bestimmter Formen gesellschaftlicher Beziehungen, die Zuversicht, dass gewisse andere Formen sich sehr viel besser eigneten, um eine lebenswerte Gesellschaft darauf zu gründen, den Glauben, dass eine solche Gesellschaft tatsächlich bestehen könnte.

Auch im Vergleich der historischen Schulen des Marxismus mit dem Anarchismus wird ersichtlich, dass wir es mit grundsätzlich verschiedenen Projekten zu tun haben. Marxistische Schulen haben ihre Urheber. So wie der Marxismus dem Marx'schen Denken entsprang, so haben wir auch Leninismus, Maoismus, Trotzkismus, Gramscianer*innen, Althusserianer*innen ... (Man beachte, wie die Liste mit Staatsoberhäuptern beginnt und fast nahtlos zu französischen Professoren übergeht.) Wenn das wissenschaftliche Feld ein Spiel ist, so hat Pierre Bourdieu einmal angemerkt, in dem Forscher*innen um die Vormacht ringen, dann weißt du, dass du gewonnen hast, sobald andere Professoren*innen anfangen, sich Gedanken darüber zu machen, wie sich aus deinem Namen ein Adjektiv machen lässt. Vermutlich um sich die Chance zu erhalten, das Spiel zu gewinnen, bestehen Intellektuelle bei der gegenseitigen Diskussion ihrer Arbeiten darauf, eben die Sorte von historischen Großmannstheorien weiter zu verwenden, über die sie sich in fast jedem anderen Zusammenhang lustig machen würden: Foucaults Ideen werden wie diejenigen Trotzkis nie in erster Linie als Produkte eines intellektuellen Milieus behandelt, als etwas, das aus endlosen Gesprächen und Auseinandersetzungen erwuchs, an denen Hunderte von Menschen beteiligt waren, sondern stets, als ob sie sich dem Genie eines einzelnen Mannes (oder, ganz selten, einer Frau) verdankten. Es stimmt auch nicht ganz, dass die marxistische Politik sich wie eine akademische Disziplin organisiert hat; noch ist sie zum Modell dafür geworden, wie radikale (oder zunehmend alle) Intellektuelle einander behandeln; vielmehr entwickelten sich die beiden Trends irgendwie gemeinsam. In Hinsicht auf die Universität ergaben sich daraus viele heilsame Konsequenzen – etwa das Gefühl, dass es eine gewisse moralische Orientierung braucht oder dass akademische Anliegen für das Leben der restlichen Menschen von Bedeutung sein sollten –, aber auch viele desaströse: wenn nämlich ein Großteil der intellektuellen Debatte zur Parodie sektiererischer Politik wird, wobei jede*r versucht, Gegenargumente ins Lächerliche zu ziehen, um sie nicht nur für falsch zu erklären, sondern auch für böse und gefährlich – auch wenn für gewöhnlich in einer so geheimnisvollen Sprache debattiert wird, dass niemand, der oder die sich keine siebenjährige Graduiertenausbildung leisten kann, auch nur die leiseste Ahnung davon hätte, dass hier überhaupt eine Diskussion im Gange ist.

Schauen wir uns nun die verschiedenen Schulen des Anarchismus einmal an. Da gibt es Anarchosyndikalismus, Anarchokommunismus, Insurrektionalist*innen, Kooperativist*innen bzw. Genossenschaftler*innen, Individualismus, Plattformismus ... Keine ist nach einem Großen Denker benannt; sie sind ausnahmslos nach einer Form der Praxis oder – in ihrer Mehrzahl – nach einem Organisationsprinzip benannt. (Bemerkenswerterweise stehen diejenigen marxistischen Richtungen, die wie der *Autonomism*[1] oder der Rätekommunismus nicht nach

1 Mit diesem Begriff wird im englischsprachigen Raum eine linke Bewegung und theoretische Strömung zusammengefasst, die möglicherweise als autonomer oder heterodoxer Marxismus übersetzt werden könnte, so aber deutschsprachigen Raum wenig bis nicht benutzt wird. Als zugehörig gelten der italienische Operaismo, die deutschen Autonomen, die Bewegungen der Autonomen Zentren, teilweise auch antistalinistische und antiautoritäre Vorläufer*innen seit der Ersten Internationalen sowie

Individuen benannt sind, dem Anarchismus auch am nächsten.) Anarchist*innen unterscheiden sich gerne darin, was sie tun und wie sie organisatorisch an ihr Vorhaben herangehen. Und tatsächlich haben Anarchist*innen darüber die meiste Zeit nachgedacht und gestritten. Sie haben sich nie so sehr für die Art allgemeiner strategischer oder philosophischer Fragen interessiert, über die sich, historisch gesehen, die Marxist*innen den Kopf zerbrochen haben – also Fragen wie: Sind die Bauern eine potenziell revolutionäre Klasse? (Nach Ansicht der Anarchist*innen sollten das die Bäuer*innen selbst entscheiden.) Worin besteht das Wesen der Warenform? Lieber streiten sie sich darüber, was der wahrhaftig demokratischste Weg zur Abhaltung einer Versammlung sei, wo eine Organisation ihre bestärkende, ermächtigende Wirkung verliert und individuelle Freiheit zu ersticken droht. Oder es geht andersherum um die ethische Rechtfertigung des Widerstands gegen die Macht: Was ist direkte Aktion? Ist es notwendig (oder richtig), jemand öffentlich zu verurteilen, der ein Staatsoberhaupt ermordet? Oder kann ein Attentat, insbesondere wenn es etwas Schreckliches wie einen Krieg verhindert, eine moralische Tat sein? Wann ist es okay, eine Fensterscheibe einzuschlagen?

Um also zusammenzufassen:

1.) Der Marxismus neigte dazu, ein theoretischer oder analytischer Diskurs über revolutionäre Strategie zu sein.
2.) Der Anarchismus neigte dazu, ein ethischer Diskurs über revolutionäre Praxis zu sein.

Augenscheinlich hat alles, was ich gesagt habe, etwas Karikaturhaftes (es hat extrem sektiererische anarchistische Gruppen gegeben und viele libertäre, praxisorientierte Marxist*innen, mich, könnte man sagen, eingeschlossen). Selbst so formuliert, weist dies auf ein umfangreiches Potenzial von Ergänzungsmöglichkeiten zwischen beiden hin. Und so war es ja auch:

---

jene, die sich heute darauf beziehen. Autonomism wird mit einer Tendenz zu Lokalismus, Selbstverwaltung und horizontalen Strukturen der Entscheidungsfindung assoziert. (A.d.V.)

Selbst Michail Bakunin hat, ungeachtet seiner endlosen Auseinandersetzungen mit Marx über Fragen der Praxis, doch eigenhändig Marx' *Kapital* ins Russische übersetzt. Damit wird aber auch verständlicher, warum es so wenige akademische Anarchist*innen gibt. Es liegt nicht bloß daran, dass der Anarchismus mit hochgestochenen Theorien bekanntlich wenig anzufangen weiß. Es hat damit zu tun, dass er sich in erster Linie mit Formen der Praxis befasst; er besteht darauf, dass Zweck und Mittel übereinstimmen müssen; mit autoritären Methoden keine Freiheit zu gewinnen ist; tatsächlich, so weit wie möglich, in den eigenen persönlichen Beziehungen zu Freund*innen und Gleichgesinnten die Gesellschaft, die man schaffen möchte, verkörpert werden muss. Dies verträgt sich nicht sehr gut mit der Tätigkeit an einer Universität, vielleicht der einzigen westlichen Institution, mit Ausnahme der katholischen Kirche und der britischen Monarchie, die ziemlich unverändert seit dem Mittelalter Bestand hat, ihre intellektuellen Schlachten auf Tagungen in teuren Hotels schlägt und vorzugeben versucht, all dies fördere irgendwie die Revolution. Offen als anarchistische*r Professor*in aufzutreten, würde mindestens bedeuten, den gängigen Universitätsbetrieb infrage zu stellen – und ich meine damit keineswegs die Forderung, eine Fakultät für Anarchismusstudien einzurichten –, und das bringt natürlich weitaus mehr Ärger mit sich als alles, was jemals geschrieben werden könnte.

**Das heißt nicht, dass eine anarchistische Theorie nicht möglich ist.**

Das heißt nicht, dass Anarchist*innen zwangsläufig *gegen* alle Theorie eingestellt sind. Schließlich ist der Anarchismus selbst eine Idee, wenn auch eine sehr alte. Auch ist er ein Projekt, das sich vornimmt, mit der Schaffung von Institutionen einer neuen Gesellschaft »im Gehäuse der alten« zu beginnen, Herrschaftsstrukturen offenzulegen, zu erschüttern und zu unterminieren, aber dabei stets auf demokratische Weise vorzugehen, in einer Art, die beweist, dass solche Strukturen unnötig sind. Zweifellos braucht ein derartiges Projekt Werkzeuge zur intellektuellen Analyse und Einsicht. Es braucht vielleicht keine Höhere Theorie [*High Theory*], oder was heute allgemein darunter verstanden wird. Ganz gewiss wird der Anarchismus nicht die eine Große Anarchistische Theorie nötig haben. Das wäre dem Geist des Projekts völlig gegensätzlich. Viel besser, glaube ich, wäre etwas, das mehr vom Geist anarchistischer Entscheidungsfindungsprozesse geprägt ist, wie sie überall zur Anwendung kommen, in kleinsten autonomen Bezugsgruppen bis zu gigantischen Delegiertenplena mit Tausenden Menschen. Die meisten anarchistischen Gruppen halten sich bei ihrem Vorgehen an das Konsensprinzip, das in vieler Hinsicht als das genaue Gegenteil des selbstherrlichen, spalterischen, sektiererischen Stils entwickelt wurde, der bei vielen anderen radikalen Gruppen so beliebt ist. Auf Theorie angewandt hieße das, die Notwendigkeit einer Vielfalt hochtheoretischer Perspektiven zu akzeptieren, die nur durch ein gewisses gemeinsames Engagement und Einvernehmen miteinander verbunden wären. Jede*r stimmt in einem solchen Konsensfindungsprozess gewissen weitgefassten Vorgaben (Prinzipien der Einheit sowie Gründen, wofür es die Gruppe braucht) zu; selbstredend akzeptieren auch alle, dass niemals jemand von anderen gänzlich zu deren Sicht der Dinge bekehrt wird und dass wohl niemand das überhaupt erst versuchen sollte, und dass sich daher die Diskussion auf konkrete Fragen des Handelns konzentrieren sollte, damit ein Plan gefasst wird, mit dem alle leben können und bei dem niemand das Gefühl hat, auf fundamentale Weise die Prinzipien anderer Menschen zu verletzen. Hier ließe sich eine Parallele erkennen: eine Reihe unterschiedlicher Perspektiven, verbunden durch den gemeinsamen Wunsch, die *conditio humana* zu verstehen und sie in Richtung einer größeren Freiheit zu bewegen. So eine Theorie basiert nicht auf dem Bedürfnis, die Grundannahmen anderer als falsch zu beweisen, sondern versucht lieber bestimmte Projekte zu finden, bei denen die Perspektiven sich gegenseitig bestärken. Dass Theorien in mancher Hinsicht inkommensurabel sind, bedeutet nicht, dass sie nicht existieren können oder einander nicht sogar stützen können – nicht mehr als die Tatsache, dass Individuen einzigartige und unvergleichbare Weltanschauungen haben, bedeutet, dass sie nicht Freunde oder Liebhaber werden oder an gemeinsamen Projekten arbeiten können.

Nötiger als eine Gehobene Theorie hat der Anarchismus, was Niedere Theorie [*Low Theory*] genannt werden konnte: eine Methode, sich mit den wirklichen, unmittelbaren Problemen auseinanderzusetzen, die aus einem transformativen Projekt erwachsen. Der sozialwissenschaftliche Mainstream ist hier nicht sehr hilfreich, denn er klassifiziert derlei normalerweise als »Thema für die Politik« [*policy*[2] *issue*], und damit möchten Anarchist*innen, die etwas Selbstachtung besitzen, nichts zu tun haben.

**gegen Policy (ein ganz kleines Manifest)**

Der Begriff der Policy setzt einen Staat oder Regierungsapparat voraus, der seinen Willen anderen aufzwingt. Policy ist die Negation von Politik; Policy wird per definitionem von einer Art Elite zusammengebastelt, die glaubt, sie wisse besser als andere, wie deren Angelegenheiten zu erledigen seien. Mit der Teilnahme an sogenannten politischen Debatten lässt sich allerhöchstens eine Schadensbegrenzung erreichen, da bereits die bloße Prämisse dem Gedanken abträglich ist, Menschen könnten ihre Angelegenheiten selber regeln.

2 Policy bezeichnet im Englischen die inhaltliche Dimension von Politik (in den allermeisten Fällen als Staatstätigkeit), d.h. Programme, Gesetze und Maßnahmen. (A.d.V.)

So muss in diesem Fall die Frage lauten: Wie müsste eine Gesellschaftstheorie aussehen, die im Sinne derjenigen ist, die eine Welt zu gestalten versuchen, in der die Menschen die Freiheit haben, ihre Angelegenheiten selbst in die Hand zu nehmen?

Hauptsächlich darum geht es in diesem Pamphlet.

Zunächst einmal würde ich sagen, dass eine jede solche Theorie mit einigen Grundannahmen beginnen müsste. Viele wären es nicht. Wahrscheinlich nur zwei. Zuerst wäre da als Ausgangspunkt die Annahme, dass »eine andere Welt möglich ist«, wie es in dem brasilianischen Volkslied heißt. Dass Institutionen wie Staat, Kapitalismus, Rassismus und die Vormachtstellung der Männer nicht unvermeidlich sind, dass es möglich wäre, eine Welt zu haben, in denen diese Dinge nicht existieren, und dass wir im Ergebnis alle besser dran wären. Sich für ein solches Prinzip einzusetzen, kommt fast einem Glaubensakt gleich – denn lässt sich von solchen Dingen sichere Kenntnis erlangen? Unter Umständen könnte sich herausstellen, dass eine solche Welt *nicht* möglich ist. Doch ließe sich argumentieren, dass es gerade die Unverfügbarkeit absoluten Wissens ist, die eine Parteinahme für den Optimismus zu einer moralischen Verpflichtung macht: Da wir nicht wissen können, dass eine von Grund auf bessere Welt unmöglich ist, verraten wir dann nicht uns alle, wenn wir beharrlich damit fortfahren, den Schlamassel, in dem wir uns gerade befinden, zu rechtfertigen und zu reproduzieren? Und überhaupt, selbst wenn wir falsch liegen, könnten wir dieser besseren Welt immerhin sehr viel näher kommen.

**gegen Anti-Utopismus (ein weiteres winziges Manifest)**
Hier heißt es dem unvermeidlichen Einwand zu begegnen: dass der Utopismus in den völligen Horror geführt hat, als Stalinist*innen, Maoist*innen und andere Idealist*innen versuchten, der Gesellschaft eine unmögliche Gestalt zu geben, ein Vorgang, der Millionen das Leben gekostet hat.

Dieses Argument täuscht über eine grundlegend falsche Annahme hinweg: wonach die Vorstellung besserer Welten selbst das Problem sei. Stalinist*innen und ihresgleichen brachten niemanden um, weil sie große Träume hatten – eigentlich waren die Stalinist*innen für ihr begrenztes Vorstellungsvermögen bekannt –, sondern weil sie ihre Träume für wissenschaftliche Gewissheiten hielten. Das verführte sie zu dem Glauben, sie hätten das Recht, ihre Visionen mittels einer Maschinerie der Gewalt durchzusetzen. Anarchist*innen schlagen nichts dergleichen vor, in beiderlei Hinsicht. Sie nehmen nicht an, dass die Geschichte ihren unvermeidlichen Gang geht, und niemals kann der Weg der Freiheit durch neue Formen des Zwangs gefördert werden. In der Tat sind alle Formen systembedingter Gewalt (unter anderem) Angriffe auf die Rolle der Vorstellungskraft, der Imagination als politisches Prinzip, und dies anzuerkennen, ist der einzige Weg, wie wir anfangen darüber nachzudenken, wie systematische Gewalt zu beseitigen wäre.

Und natürlich könnte man sehr umfangreiche Bücher über die Scheußlichkeiten schreiben, welche die ganze Geschichte hindurch von Zyniker*innen und anderen Pessimist*innen verübt wurden …

Das ist also der erste Vorschlag. Mein zweiter wäre, dass jede anarchistische Gesellschaftstheorie im Bewusstsein ihrer selbst alles zurückweisen müsste, was an Avantgardismus[3] erinnert. Den Intellektuellen kommt ganz entschieden nicht die Rolle einer Elite zu, welche die richtigen strategischen Analysen aus- und dann die folgsamen Massen anführt. Aber wenn nicht das, was sonst? Das ist ein Grund, warum ich diesen Essay »Fragmente einer anarchistischen *Anthropologie*« nenne – weil hier die Anthropologie, wie ich meine, in einer besonders guten Position ist, um zu helfen. Und nicht nur, weil die meisten tatsächlich bestehenden, sich selbst regierenden Gemeinschaften und

3 Im Orig: vanguardism, im leninistischen Sinne, d.i. »Vorhut der Arbeiterklasse« in Form der Partei. (A.d.V.)

nicht-marktwirtschaftlichen Ökonomien auf der Welt eher von Anthropolog*innen untersucht worden sind als von der Soziologie oder Geschichtswissenschaft. Ein anderer ist, dass die ethnografische Praxis immerhin ein, wenn auch noch sehr grobes, im Anfangsstadium stehendes Modell dafür darstellt, wie eine nicht-avantgardistische, revolutionäre intellektuelle Praxis funktionieren könnte. Wenn man ethnografische Untersuchungen durchführt, beobachtet man, was die Leute so treiben, um daraufhin zu versuchen, ihnen die verborgene symbolische, moralische oder pragmatische Logik, die ihren Handlungen zugrunde liegt, zu entlocken; man versucht dahinter zu kommen, in welcher Hinsicht Gewohnheiten und Handlungen der Menschen einen Sinn ergeben, auf die eine oder andere Weise, derer sie sich selbst nicht völlig bewusst sind. Eine offenkundige Rolle für radikale Intellektuelle besteht genau darin: auf jene zu achten, die gangbare Alternativen schaffen, die möglichen größeren Implikationen ihrer (bisherigen, schon gelebten) Tätigkeit herauszufinden und diese Ideen später zurückzugeben, nicht als Vorschriften, sondern als Beiträge, Möglichkeiten – Geschenke. Das entspricht mehr oder weniger dem, was ich einige Abschnitte zuvor zu tun versucht habe, als ich vorschlug, die Gesellschaftstheorie könnte sich nach Art eines direkten demokratischen Prozesses umgestalten. Und wie dieses Beispiel klarmacht, müsste ein solches Projekt eigentlich zwei Aspekte oder, wenn Sie wollen, Momente aufweisen: einer ethnografisch, einer utopisch, eingelassen in einen andauernden Dialog.

Nichts davon hat viel Ähnlichkeit mit dem, wie sich die Anthropologie, auch keine radikale Anthropologie, in den letzten circa hundert Jahren wirklich dargestellt hat. Und doch besteht zwischen Anthropologie und Anarchismus über die Jahre hin eine seltsame Affinität, die in sich selbst bezeichnend ist.

# Graves, Brown, Mauss, Sorel

Man kann nicht gerade behaupten, dass sich Anthropolog*innen dem Anarchismus an den Hals geschmissen oder sich gar bewusst für anarchistische Ideen eingesetzt hätten; es ist eher so gewesen, dass sie in den gleichen Kreisen verkehrten und ihre Ideen gegeneinanderprallten und dass im anthropologischen Denken etwas war – ein scharfes Bewusstsein von der enormen Spannbreite menschlicher Möglichkeiten –, das es gleich von Anfang an in die Nähe des Anarchismus rückte.

Lassen sie mich mit Sir James Frazer beginnen, auch wenn er von einem Anarchisten nicht verschiedener hätte sein können. Frazer, Lehrstuhlinhaber für Anthropologie in Cambridge zu Beginn des (letzten) Jahrhunderts, war ein klassischer langweiliger Viktorianer, der Abhandlungen über die Bräuche von ›Wilden‹ schrieb, die hauptsächlich auf der Auswertung von Fragebögen beruhten, die an Missionare und Kolonialbeamte versandt wurden. Seine vordergründige theoretische Einstellung war ausgesprochen herablassend – er war des Glaubens, dass Magie, Mythen und Rituale nahezu allesamt auf dummen logischen Fehlschlüssen beruhten –, aber sein großes Werk, *Der goldene Zweig* (*The Golden Bough*), enthielt derart überschwängliche, fantasievolle und seltsam großartige Beschreibungen von Baumgeistern, entmannten Priestern, sterbenden Vegetationsgöttern und dem Opfertod sakraler Könige, dass er eine Generation von Dichter*innen und Literat*innen anregte. Darunter war Robert Graves, ein britischer Poet, der seine frühe Berühmtheit beißend satirischen Versen verdankte, die er in den Schützengräben des Ersten Weltkriegs schrieb. Gegen Kriegsende landete Graves in einem französischen Krankenhaus, wo ihn W.H.R. Rivers von einer Kriegsneurose heilte. Rivers, ein britischer Anthropologe, dessen Ruhm auf einer

Expedition nach den Torres-Inseln beruhte, war im Zweitberuf Psychiater. Graves war von Rivers so beeindruckt, dass er später einmal vorschlug, Berufsanthropologen sollten weltweit an die Spitze aller Regierungen gestellt werden. Gewiss keine sonderlich anarchistische Ansicht – aber Graves neigte dazu, zwischen seltsamen politischen Positionen aller Art herumzuschwirren. Am Ende sollte er die »Zivilisation« – die Industriegesellschaft – gänzlich aufgeben und annähernd die letzten fünfzig Jahre seines Lebens in einem Dorf auf der spanischen Insel Mallorca verbringen, wo er mit dem Schreiben von Romanen für seinen Lebensunterhalt sorgte, aber auch zahlreiche Bücher mit Liebesgedichten verfasste, sowie eine Reihe der subversivsten Essays, die je geschrieben wurden.

Graves' These besagte unter anderem, dass Größe pathologisch sei; »große Männer« wären im Grunde Zerstörer und »große« Dichter nicht viel besser (seine Erzfeinde waren Vergil, Milton und Pound), dass alle wirkliche Poesie immer schon eine mythische Feier einer alten Großen Göttin sei, von der Frazer nur eine verschwommene Ahnung hatte, und deren matriarchale Anhänger von Hitlers geliebten Arierhorden, die in der frühen Bronzezeit aus den ukrainischen Steppen auftauchten, besiegt und vernichtet wurden (obgleich sie im minoischen Kreta ein bisschen länger überlebten). In einem Buch mit dem Titel *Die weiße Göttin. Sprache des Mythos* (*The White Goddess. A Historical Grammar of Poetic Myth*) behauptete er, die Reste ihrer kalendarischen Riten in verschiedenen Teilen Europas systematisch aufzuzeichnen, wobei er den Schwerpunkt auf den periodisch wiederkehrenden Ritualmord an den königlichen Gefährten der Göttin legte – unter anderem eine todsichere Methode, um zu garantieren, dass Gernegroße nicht außer Kontrolle geraten. Das Buch schloss mit einem Ruf nach dem endgültigen Kollaps der Industriegesellschaft. Ich sage absichtlich »behauptete«. Das vergnügliche, wenn auch verwirrende Moment an Graves' Büchern ist, dass er offensichtlich so viel Spaß am Schreiben hatte, während er eine haarsträubende These nach der anderen präsentierte, dass man unmöglich sagen kann, wie viel davon ernst gemeint ist. Oder ob das überhaupt eine sinnvolle Frage ist. In einem Aufsatz, der in den 50er-Jahren geschrieben wurde, erfindet Graves den Unterschied zwischen »Vernünftigkeit« [*reasonableness*] und »Vernunft« [*rationality*], dem später, in den 80er-Jahren, Stephen Toulmin Berühmtheit verschaffte. Diese Unterscheidung trifft er aber in einem Text, der geschrieben wurde, um Sokrates' Ehefrau Xanthippe gegen ihren Ruf als schreckliche Nörglerin zu verteidigen. (Sein Argument: Stellen Sie sich vor, Sie wären mit Sokrates verheiratet!)

Meinte Graves wirklich, die Frauen wären den Männern stets überlegen? Erwartete er wirklich, dass wir ihm glaubten, er habe ein mythisches Problem gelöst, indem er in »analeptische Trance« fiel und darin ein Gespräch über Fische zwischen einem griechischen Historiker und einem römischen Beamten auf Zypern im Jahr 54 n. Chr. mitanhörte? Es ist es wert, darüber nachzudenken, denn Graves hat in diesen Texten ungeachtet all ihrer gegenwärtigen Obskurität im Prinzip zwei intellektuelle Traditonen begründet, aus denen später wichtige theoretische Spielarten des modernen Anarchismus werden sollten – zugegebenermaßen und nach allgemeiner Ansicht zwei der extravagantesten. Einerseits ist der wiederbelebte Kult der Großen Göttin zur direkten Inspiration für den paganen Anarchismus geworden, dessen hippieske Anhänger*innen mit ihren Spiraltänzen auf Massenaktionen immer gern gesehen sind, scheinen sie doch in der Tat ein Talent zur Wetterbeeinflussung zu haben; andererseits sind da die Primitivist*innen, deren berühmteste (und extremste) Verkörperung John Zerzan ist, der mit seiner Ansicht, dass selbst die Landwirtschaft ein großer historischer Fehler war, über Graves' Ablehnung der industriellen Zivilisation und seine Hoffnungen auf einen allgemeinen wirtschaftlichen Zusammenbruch noch hinausgeht. Neopaganist*innen wie Primitivist*innen teilen sich seltsamerweise genau die gleiche unbeschreibliche Eigenschaft, die Graves' Werk so unverwechselbar macht: Es ist wirklich schwer sich auf eine

Lesart festzulegen. Es ist eine alberne Selbstparodie, zugleich aber schrecklich ernst gemeint.

Es hat auch Anthropolog*innen gegeben – darunter einige der Gründerfiguren des Fachs –, die sich mit Anarchismus oder anarchistischer Politik direkt befassten.

Am notorischsten war um die Wende vom 19. zum 20. Jahrhundert der Fall eines Studenten namens Al Brown, der bei seinen Studienfreunden als »Anarchy Brown« bekannt war. Brown war ein Bewunderer des berühmten anarchistischen Fürsten (natürlich verzichtete er auf seinen Titel) Pjotr Kropotkin, Arktis- und Naturforscher, der den Sozialdarwinismus durch den Nachweis, dass die erfolgreichsten Arten häufig diejenigen sind, die am effektivsten zusammenarbeiten, in einen Aufruhr versetzt hatte, von dem er sich bis heute nicht recht erholt hat. (So war beispielsweise die Soziobiologie im Grunde ein Versuch, eine Antwort auf Kropotkin zu geben.) Später begann Brown, Cape und Monokel zu tragen, nahm einen launischen scheinaristokratischen Bindestrichnamen (A.R. Radcliffe-Brown) an und wurde schließlich in den 1920er- und 1930er-Jahren der Cheftheoretiker der britischen Sozialanthropologie. Der ältere Brown redete nicht allzu gern und viel über die politischen Vorlieben seiner Jugend, aber wahrscheinlich ist es kein Zufall, dass sein zentrales theoretisches Interesse die Aufrechterhaltung der Sozialordnung außerhalb des Staates blieb.

Vielleicht der faszinierendste Fall ist jedoch Marcel Mauss, ein Zeitgenosse Radcliffe-Browns und der Begründer der französischen Anthropologie. Mauss war das Kind orthodoxer jüdischer Eltern, der das zweifelhafte Vergnügen hatte, zudem der Neffe von Émile Durkheim, dem Begründer der französischen Soziologie, zu sein. Mauss war auch ein revolutionärer Sozialist. Über einen langen Zeitraum seines Lebens leitete er eine Konsumgenossenschaft in Paris und schrieb ständig endlose Artikel für sozialistische Zeitungen. Zugleich führte er Forschungsprojekte über Kooperativen bzw. Genossenschaften in anderen Ländern durch und versuchte Verbindungen zwischen ihnen zu knüpfen, um ein alternatives antikapitalistisches Wirtschaftssystem aufzubauen. Sein berühmtestes Werk wurde als Reaktion auf die Krise des Sozialismus geschrieben, als deren Ausdruck er Lenins Wiedereinführung der Marktwirtschaft in der Sowjetunion in den 20er-Jahren sah: Wenn es selbst in Russland, dem am wenigsten monetarisierten Land Europas, unmöglich war, die Geldwirtschaft auf gesetzgeberischem Wege abzuschaffen, dann sollten Revolutionär*innen sich vielleicht lieber die ethnografischen Aufzeichnungen anschauen, um herauszufinden, was für ein Geschöpf der Markt wirklich war und wie machbare Alternativen zum Kapitalismus aussehen könnten. Daher sein 1925 entstandener Essay über *Die Gabe* (*Essai sur le don*), der (unter anderem) die These präsentierte, dass der Ursprung aller Verträge im Kommunismus liege – ein vorbehaltloses Engagement für die Bedürfnisse anderer – und dass es trotz endloser, gegenteilig argumentierender ökonomischer Lehrbücher nie eine Wirtschaftsform gegeben habe, die auf Tauschhandel beruhte: dass real existierende Gesellschaften, die kein Geld benutzten, vielmehr schon immer Geschenkökonomien waren, in denen die heute getroffenen Unterscheidungen zwischen Eigennutz und Altruismus, Person und Eigentum, Freiheit und Verpflichtung einfach nicht existierten.

Mauss glaubte, dass der Sozialismus niemals mit staatlicher Erlaubnis, sondern nur allmählich, von unten, aufgebaut werden könne, dass es möglich wäre, mit dem Aufbau einer neuen Gesellschaft zu beginnen, die auf gegenseitiger Hilfe und Selbstorganisation »im Gehäuse der alten« beruhte. Er war der Ansicht, dass bestehende, allgemein verbreitete Praktiken die Grundlage für eine moralische Kritik des Kapitalismus boten und kurze Einblicke in jene künftige Gesellschaft ermöglichten. Dies alles sind klassische anarchistische Positionen. Dennoch betrachtete er sich selbst nicht als Anarchisten. Faktisch hatte er nie ein gutes Wort für diese übrig. Wie es scheint, hatte dies damit zu tun, dass er den Anarchismus im Wesentlichen mit der Person von Georges Sorel identifizierte, einem persönlich anscheinend recht unangenehmen französischen Anarchosyndikalisten und Antisemiten, der heute vor allem für seinen Essay *Über die Gewalt* (*Reflexions sur le Violence*) bekannt ist. Sorel vertrat die Auffassung, dass die Massen im Grunde genommen weder gut noch rational wären, deshalb sei es unsinnig, in erster Linie mit Vernunftargumenten an sie zu appelllieren. Politik sei die Kunst, andere mit großen Mythen zu inspirieren. Für Revolutionäre schlug er den Mythos eines apokalyptischen Generalstreiks vor, ein Moment vollständiger Transformation. Um diese aufrechtzuerhalten, fügte er hinzu, würde man eine revolutionäre Elite brauchen, die in der Lage wäre, den Mythos durch ihre Bereitschaft, sich an symbolischen Gewaltakten zu beteiligen, lebendig zu halten – eine Elite, die Mauss wie die Avantgarde der Partei im Marxismus (in Sachen Gewalt oft um einiges weniger symbolisch) als eine Art Dauerverschwörung beschrieb, eine moderne Version der geheimen politischen Männerbünde der Antike.

Mit anderen Worten, Mauss sah bei Sorel – und daher auch im Anarchismus – ein Element des Irrationalen, der Gewalt und des Avantgardismus im Spiel. Es mag vielleicht etwas seltsam wirken, dass es unter den damaligen französischen Revolutionär*innen ausgerechnet der Gewerkschaftler war, der die Kraft des Mythos betonte, wohingegen der Anthropologe sich dagegen verwahrte, aber im Kontext der Zwanziger- und Dreißigerjahre des 20. Jahrhunderts, wo sich überall die Faschisten rührten, ist es verständlich, warum einem europäischen Radikalen – besonders einem Juden – vor all dem etwas gruseln mochte. Er fand die Sache schaurig genug, um selbst dem ansonsten eher ansprechenden Image des Generalstreiks – immerhin so ungefähr der gewaltloseste Weg, sich eine apokalyptische Revolution vorzustellen – einen Dämpfer zu verpassen. Spätestens in den 1940er-Jahren kam Mauss zu dem Schluss, dass sich sein Misstrauen voll und ganz als berechtigt erwiesen hatte.

Der Doktrin der revolutionären Avantgarde, schrieb er, hat Sorel eine Idee hinzugefügt, die er ursprünglich bei Durkheim

(Mauss' Onkel) gefunden hatte: eine Doktrin des Korporatismus, wonach vertikale Strukturen mittels Techniken gesellschaftlicher Solidarität zusammengehalten werden. Dies hatte großen Einfluss auf Lenin, wie Lenin selbst zugab. Von dort haben die Rechten sie übernommen. Am Ende seines Lebens sympathisierte Sorel selbst immer mehr mit dem Faschismus; darin folgte er der gleichen Laufbahn wie Mussolini (ein anderer jugendlicher Politamateur, der sich als Anarchosyndikalist versuchte), der, wie Mauss glaubte, aus den gleichen Durkheim'schen, Sorel'schen, Lenin'schen Ideen letztendlich die gleichen Konsequenzen zog. Gegen Ende seines Lebens gelangte Mauss sogar zu der Überzeugung, dass Hitlers große rituelle Aufmärsche und Fackelumzüge mit ihren »Sieg Heil!«-Sprechchören wirklich von den Berichten angeregt waren, die er und sein Onkel über totemische Rituale der australischen First Nations geschrieben hatten. »Als wir beschrieben, wie Rituale gesellschaftliche Solidarität erzeugen können, und wie das Individuum in der Masse untertaucht«, klagte er, »kam es uns nie in den Sinn, dass irgendwer in der heutigen Zeit solche Techniken anwenden würde!« (Tatsächlich lag Mauss falsch. Die moderne Forschung hat gezeigt, dass die Nürnberger Parteitage vielmehr von den studentischen *pep rallys* in Harvard angeregt waren. Aber das ist eine andere Geschichte.) Der Kriegsausbruch zerstörte Mauss, der sich nie vollständig davon erholt hatte, die meisten seiner engsten Freunde im Ersten Weltkrieg verloren zu haben. Als die Nazis Paris besetzten, weigerte er sich zu fliehen, saß vielmehr Tag für Tag in seinem Büro mit einer Pistole im Schreibtisch und wartete auf die Gestapo. Sie kam nicht, aber der Schrecken und das Gefühl historischer Komplizenschaft, das schwer auf ihm lastete, zerrütteten seine geistige Gesundheit.

# Die anarchistische Anthropologie, die beinahe schon existiert

Auf Anarchist*innen dürfte Marcel Mauss letzten Endes gleichwohl mehr Einfluss gehabt haben als alle anderen Anthropolog*innen zusammengenommen. Und zwar deshalb, weil er sich für alternative Ethiken interessierte, die den Weg zu einem Denken freimachten, demzufolge Gesellschaften ohne Staatlichkeit und Märkte so waren, wie sie waren, weil sie ganz bewusst so zu leben wünschten. Was nach unseren Vorstellungen bedeutet: weil sie Anarchist*innen waren. Insofern eine anarchistische Anthropologie bereits in Fragmenten existiert, stammen diese weitgehend von ihm.

Vor Mauss war allgemein angenommen worden, dass Wirtschaftssysteme ohne Geld oder Märkte mittels »Tauschhandel« funktionierten; sie versuchten, ein marktförmiges Verhalten zu praktizieren (nützliche Güter und Dienstleistungen zu erlangen, die mit niedrigsten Kosten für sie selbst verbunden waren, wenn möglich, reich zu werden ...), sie hatten bloß noch keine sonderlich differenzierten Methoden ausgetüftelt, wie das zu bewerkstelligen wäre. Mauss zeigte, dass solche Ökonomien in Wirklichkeit »Geschenkökonomien« waren. Sie beruhten nicht auf Berechnung, sondern auf der Weigerung zu rechnen; sie wurzelten in einem ethischen System, welches das meiste von dem, was wir als wirtschaftliche Grundprinzipien ansehen würden, bewusst ablehnte. Es lag nicht daran, dass sie bislang nicht gelernt hatten, wie mit den effizientesten Methoden Profit zu machen war. Sie hätten allein die Voraussetzung, dass der Sinn einer wirtschaftlichen Transaktion – wenigstens mit jemandem, der nicht dein Feind war – im Streben nach dem höchsten Profit bestand, für zutiefst anstößig gehalten.

Bemerkenswerterweise wurde der einzige (von den wenigen) offen anarchistische Anthropologe jüngeren Gedenkens, Pierre Clastres, ein weiterer Franzose, berühmt, weil er auf politischer Ebene ähnlich argumentierte. Beharrlich gab er zu verstehen, dass die politischen Anthropolog*innen die alten evolutionistischen Sichtweisen, wonach der Staat in der Hauptsache eine differenziertere Ordnung darstellte als das, was ihm voranging, noch immer nicht völlig überwunden hätten. Völker ohne staatliche Strukturen wie die von Clastres untersuchten Gesellschaften des Amazonasgebiets hätten nicht das Niveau z.B. der Azteken oder Inka erreicht, so wurde stillschweigend angenommen. Aber was wäre, so seine These, wenn die indigenen Gesellschaften im Amazonasgebiet durchaus ein Bewusstsein davon hätten, wie die elementaren Formen staatlicher Macht aussehen könnten – was es bedeutete, einigen Männern zu gestatten, allen anderen Befehle zu erteilen, die nicht infrage gestellt werden könnten, weil sie mit der Drohung von Gewaltanwendung einhergingen? Was wäre, wenn sie aus eben diesem Grund entschlossen waren, alles zu tun, um so etwas für immer zu verhindern? Was, wenn sie die grundlegenden Prämissen unserer Politikwissenschaft für moralisch anstößig hielten?

Die Parallelen zwischen den beiden Thesen sind in der Tat recht bemerkenswert. In Geschenkökonomien gibt es häufig einen Platz für unternehmungsfreudige Individuen: aber alles ist so geregelt, dass dieser Platz nie zum Ausgangspunkt für die Schaffung ungleicher Vermögensverhältnisse auf Dauer werden kann. Dort läuft alles auf einen Wettstreit hinaus, bei dem die selbstherrlichen Typen sich an Freigebigkeit gegenseitig überbieten können. In amazonischen (oder nordamerikanischen) Gesellschaften spielte die Institution des *chief*[4] auf politischer

4 »Häuptling« (chief) und »Häuptlingstum« (chiefdom) sind Fachbegriffe in der Kultur- und Sozialanthropologie. Sie bezeichnen (ähnliche

Ebene die gleiche Rolle: Die Stellung verlangte einem so viel ab und war so wenig lohnend, so sehr durch Sicherheitsvorkehrungen eingeschränkt, dass für machthungrige Individuen keine Möglichkeit bestand, viel damit anzufangen. Die Indigenen im Amazonasgebiet haben vielleicht nicht gerade alle paar Jahre dem Herrscher im Wortsinne den Kopf abgeschlagen, aber die Metapher ist nicht völlig unangebracht.

So gesehen waren dies alles in einem sehr realen Sinn anarchistische Gesellschaften. Sie gründeten sich auf eine ausdrückliche Zurückweisung der Logik von Staat und Markt.

Sie sind jedoch höchst unvollkommen. Die geläufigste Kritik an Clastres besteht in der Frage, wie die amazonischen Indigenen ihre Gesellschaften tatsächlich gegen die Entstehung von etwas organisieren konnten, womit sie keinerlei Erfahrungen gemacht hatten. Eine naive Frage, aber sie verweist auf etwas gleichermaßen Naives in Clastres' Ansatz. So vermag Clastres beispielsweise fröhlich über den unbeeinträchtigten Egalitarismus eben jener indigenen Gesellschaften von Amazonasgebiet zu reden, die berüchtigt dafür sind, dass sie Gruppenvergewaltigung als Waffe einsetzen, um Frauen zu terrorisieren, die sich nicht an die geziemenden Geschlechterrollen halten. Das ist ein derart eklatanter Schwachpunkt, dass man sich fragen muss, wie er ihn überhaupt übersehen konnte; vor allem in Anbetracht der Tatsache, dass er eine Antwort auf obige Frage parat hat. Vielleicht begreifen die Männer dieser amazonischen Gesellschaften, wie willkürliche, unumstößliche Macht, gestützt auf Gewalt, aussähe, weil sie selbst diese Form der Macht über ihre Frau-

---

oder vermeintlich gleiche) Formen der gesellschaftlichen Organisation. Die Begriffe werden mangels Alternativen benutzt, obwohl sie einen eurozentrischen Blick wiedergeben und verniedlichend sowie abwertend sind. Im Folgenden wurden zumindest die englischen Begriffe benutzt, um dem Rechnung zu tragen. Die Gesellschaften haben jedoch spezifische Eigenbezeichnungen für ihre gesellschaftlichen Formen, die dadurch missachtet werden. (A.d.V.)

en und Töchter ausüben. Vielleicht möchten sie aus genau diesem Grund lieber keine Strukturen um sich haben, die ihnen solche Machtverhältnisse aufzwingen könnten.

Es lohnt sich, darauf besonders hinzuweisen, da Clastres in vielerlei Hinsicht ein naiver Romantiker ist. Anders betrachtet gibt es hier jedoch gar kein Geheimnis. Schließlich reden wir über die Tatsache, dass die meisten Indigenen im Amazonas-Gebiet anderen nicht die Macht zugestehen wollen, sie in ihrer körperlichen Unversehrtheit zu bedrohen, falls sie nicht tun, wie ihnen angeordnet wurde. Vielleicht sollten wir uns eher fragen, was es über uns aussagt, wenn wir meinen, diese Haltung bedürfe irgendwelcher Erklärungen.

## Zur Theorie einer imaginären Gegenmacht

Das also meine ich mit alternativer Ethik. Anarchistische Gesellschaften sind sich nicht weniger der menschlichen Befähigung zu Gier oder Eitelkeit bewusst als moderne Amerikaner*innen ihrer Befähigung zu Neid, Gefräßigkeit oder Trägheit; sie würden sie als Grundlage ihrer Zivilisation gleichermaßen unattraktiv finden. In der Tat sehen sie in diesen Phänomenen eine so furchtbare moralische Gefahr, dass sie ihr gesellschaftliches Leben weitgehend danach ausrichten, sie fernzuhalten.

Wenn dies ein rein theoretischer Essay wäre, würde ich sagen, dass all das auf eine interessante Synthese von Wert- und Widerstandstheorien hinweist. Für den jetzigen Zweck mag die Feststellung genügen, dass meiner Ansicht nach Mauss und Clastres, ein wenig gegen ihre Absichten, Erfolg damit hatten, die Fundamente einer Theorie revolutionärer Gegenmacht zu legen.

Ich fürchte, dies ist eine etwas komplizierte Schlussfolgerung. Lassen Sie mich Schritt für Schritt vorgehen.

Üblicherweise werden im revolutionären Diskurs mit »Gegenmacht« (»counterpower«) gesellschaftliche Institutionen bezeichnet, die im Gegensatz zu Staat und Kapital stehen: von selbstverwalteten Gemeinschaften bis zu radikalen Gewerkschaften und Volksmilizen. Wenn sich solche Institutionen dem Staat gegenüber behaupten, wird für gewöhnlich von einer Situation »dualer Macht« (»dual power«) gesprochen. Gemäß dieser Definition ist der größere Teil der menschlichen Geschichte eigentlich durch duale Machtsituationen charakterisiert, da nur wenige historische Staaten die Mittel hatten, solche Institutionen restlos zu beseitigen, selbst in der Annahme, dass sie sich das gewünscht hätten. Aber die Argumentation von Mauss und Clastres deutet auf etwas noch Radikaleres hin: dass, zumindest in ihrem elementarsten Sinn, Gegenmacht bereits existiert, wo Staaten und Märkte noch nicht einmal präsent sind; dass sie in solchen Fällen weniger in popularen[5] Institutionen verkörpert ist, die sich gegen die Macht von Feudalherren, Königen oder Plutokraten stellen, als in Institutionen, durch die gewährleistet ist, dass es solche typischen Emporkömmlinge gar nicht erst gibt. Das, »wogegen« eine solche Gegenmacht steht, ist demnach ein potenzieller, latenter Aspekt oder, wenn man so will, eine dialektische Möglichkeit in der Gesellschaft selbst.

Dies würde wenigstens eine ansonsten eigenartige Tatsache erklären helfen: warum es so oft vor allem die egalitären Gesellschaften sind, die von schrecklichen inneren Spannungen oder zumindest extremen Formen symbolischer Gewalt zerrissen werden.

Natürlich sind alle Gesellschaften bis zu einem gewissen Maß im Krieg mit sich selbst. Es gibt immer Zusammenstöße

5 Hier und im Folgenden wurde in den allermeisten Fällen das englische »popular« auch als popular übersetzt. Das Element der Institution ›von unten‹, wie es Graeber hier für diverse Gesellschaften beschreibt, geht nicht in der Übersetzung ›Volk‹/›Volks-‹ oder ›öffentlich‹ auf, die spezifisch deutsche, bürgerliche und/oder nationalstaatliche Konnotation haben. (A.d.V.)

zwischen Interessengruppen, Fraktionen, Klassen und dergleichen; auch beruhen Sozialsysteme stets auf dem Streben nach unterschiedlichen Formen von Wert, wodurch die Menschen in verschiedene Richtungen gezerrt werden. In egalitären Gesellschaften, die gewohntermaßen dem Erreichen und Bewahren gemeinschaftlichen Konsenses enorme Bedeutung beimessen, scheint dies oft eine spezielle, gleichermaßen differenzierte Reaktion auszulösen, die als gespenstische, von Monstern, Hexen oder anderen Geschöpfen des Schreckens bewohnte nächtliche Welt ausgestaltet ist. Und es sind gerade die friedfertigsten Gesellschaften, die in ihren imaginären Weltgebäuden am schlimmsten von den beständigen Gespenstern eines ewigen Krieges heimgesucht werden. Die unsichtbaren Welten, die sie umgeben, sind buchstäblich Schlachtfelder. Es ist, als maskierte die endlose Mühe, Konsens zu erreichen, eine permanente innere Gewalt. Oder es handelt sich, so wäre es vielleicht besser gesagt, in Wirklichkeit um den Prozess, durch den diese innere Gewalt bemessen und eingedämmt wird – genau dies und das sich daraus ergebende Durcheinander an moralischen Widersprüchen ist die primäre Quelle gesellschaftlicher Kreativität. Es sind demnach nicht diese widerstreitenden Prinzipien und widersprüchlichen Impulse selbst, die letzten Endes die politische Realität bilden, vielmehr ist es der regulierende Prozess ihrer Vermittlung. Vielleicht sind ein paar Beispiele hier ganz hilfreich:

**Fall 1:** Die Piaroa, eine ausgesprochen egalitäre Gesellschaft, an Nebenflüssen des Orinoco lebend, von der Ethnografin Joanna Overing selbst als Anarchist*innen beschrieben. Sie messen der individuellen Freiheit und Autonomie einen enormen Wert bei und sind sich durchaus im Klaren darüber, was es bedeutet, wenn sichergestellt ist, dass niemand je den Befehlen eines anderen untersteht; oder wie nötig die Garantie ist, dass niemand so viel Kontrolle über wirtschaftliche Ressourcen erlangt, dass der- oder diejenige sie dazu nutzen könnte, die Freiheit anderer einzuschränken. Dennoch behaupten sie auch, dass die Kultur der Piaroa die Schöpfung eines bösen Gottes – eines zweiköpfigen kannibalistischen Clowns – ist. Die Piaroa haben eine Moralphilosophie entwickelt, die die menschliche Existenz als gefangen zwischen einer »Welt der Sinne«, wilder, vorsozialer Begierden, und einer »Welt des Denkens« definiert. Erstere durch überlegte Rücksichtnahme auf andere zu kontrollieren und zu kanalisieren, gehört ebenso zum Erwachsenwerden wie die Pflege eines bestimmten Sinns für Humor. Aber diese Haltung wird durch die Tatsache ungemein erschwert, dass alle Formen technischen Wissens, wie lebensnotwendig sie auch sind, ihrem Ursprung gemäß von Elementen zerstörerischen Wahnsinns durchsetzt sind. Obgleich die Piaroa für ihre Friedfertigkeit berühmt sind – Mord ist unbekannt, denn sie gehen davon aus, dass jemand, der oder die einen anderen Menschen tötete, von der Verunreinigung aufgezehrt, auf der Stelle eines schrecklichen Todes stürbe –, bewohnen sie dementsprechend einen Kosmos, in dem ein endloser unsichtbarer Krieg tobt, in dem Zauberer damit befasst sind, die Angriffe irrer, raubtierhafter Gottheiten abzuwehren, wo alle Todesfälle auf spirituellen Mord zurückgehen und durch magische Massaker an ganzen (fernen, unbekannten) Gemeinschaften gerächt werden müssen.

**Fall 2:** Die Tiv, eine andere bekanntermaßen egalitäre Gesellschaft, wohnen an den Ufern des Benue in Zentral-Nigeria. Verglichen mit den Piaroa ist ihr häusliches Leben ziemlich hierarchisch: Männliche Älteste haben in der Regel viele Ehefrauen und tauschen untereinander das Recht an der Fruchtbarkeit jüngerer Frauen aus; so bleibt jüngeren Männern nichts weiter übrig, als einen Großteil ihres Lebens damit zu verbringen, im väterlichen Gehöft als unverheiratete Abhängige herumzuhängen. In den letzten

Jahrhunderten waren die Tiv nie völlig vor Überfällen von Sklavenhändlern gefeit; auch war das Land der Tiv von lokalen Märkten übersät; gelegentlich wurden kleinere Kriege zwischen Clans ausgefochten, obgleich größere Streitigkeiten häufiger in umfassenden gemeinschaftlichen Versammlungen geschlichtet wurden. Dennoch existierten keine politischen Institutionen, die über das Gehöft hinausreichten; vielmehr wurde alles, was auch nur einer politischen Institution zu ähneln begann, per se mit Misstrauen betrachtet oder, genauer gesagt, als von einer Aura okkulten Schreckens umgeben wahrgenommen. Der Grund lag in dem, was als Wesen der Macht galt. Wie es der Ethnograf Paul Bohannan so prägnant formulierte: »Männer gewinnen Macht, indem sie die Substanz anderer aufzehren.« Märkte waren geschützt. Die Marktregeln wurden mithilfe von Zaubermitteln durchgesetzt, die Krankheiten verkörperten und, wie es hieß, ihre Macht aus menschlichen Körperteilen und Blut bezogen. Geschäftstüchtige Männer, denen es gelang, sich einen gewissen Ruhm oder Reichtum zu ergattern oder eine Art Klientel um sich zu scharen, waren definitionsgemäß Hexer. Ihre Herzen waren von einer Substanz namens *tsav* überzogen, die man nur dadurch verstärken konnte, dass man Menschenfleisch aß. Die meisten versuchten dies zu vermeiden, aber es soll einen Geheimbund von Hexern gegeben haben, die ihren Opfern Bissen von Menschenfleisch unter das Essen mengten; dadurch bewirkten sie eine »Fleischesschuld« und riefen heftiges, unnatürliches Verlangen hervor, was die Betroffenen schließlich dazu trieb, ihre Familien samt und sonders zu verspeisen. Dieser imaginäre Bund von Hexern galt als die unsichtbare Regierung des Landes. Macht war demzufolge das institutionalisierte Böse, und jede Generation brachte eine Bewegung zur Aufspürung von Hexern hervor, um die Missetäter bloßzustellen, wodurch Autoritätsstrukturen bereits im Ansatz effektiv zerstört wurden.

**Fall 3:** Das Hochland von Madagaskar, wo ich zwischen 1989 und 1991 gelebt habe, unterschied sich davon doch ziemlich. Das Gebiet war seit dem frühen 19. Jahrhundert Zentrum eines madegassischen Staates – des Königreichs der Merina – gewesen und ertrug danach viele Jahre harter Kolonialherrschaft. Es existierte eine Marktwirtschaft und – theoretisch – eine Zentralregierung, die während der Zeit meines Aufenthalts weitgehend von der sogenannten »Merina-Bourgeoisie« dominiert wurde. Tatsache war, dass sich diese Regierung aus den meisten ländlichen Gebieten praktisch zurückgezogen hatte und die ländlichen Gemeinden sich in Wirklichkeit selbst regierten. In vielerlei Hinsicht konnten diese auch als anarchistisch gelten: Die meisten lokalen Entscheidungen trafen informelle Körperschaften durch Konsens. Führerschaft wurde bestenfalls mit Argwohn bedacht, dass Erwachsene sich gegenseitig Befehle erteilten, als falsch angesehen, besonders, wenn es wiederholt vorkam. Nach allgemeinem Dafürhalten machte dies auch Einrichtungen wie die Lohnarbeit moralisch zutiefst suspekt. Oder, um es genauer zu sagen, unmadegassisch – so verhielten sich die Franzosen oder böse Könige und Sklavenhalter einer fernen Vergangenheit. Die Gesellschaft war im Großen und Ganzen bemerkenswert friedliebend. Und doch war auch sie von einem unsichtbaren Kriegsschauplatz umgeben; fast jede*r hatte Zugang zu gefährlichen Medizinen oder Geistern oder war Willens, durchblicken zu lassen, die Möglichkeiten dazu zu haben. Die Nacht war ein Tummelplatz von Hexen, die nackt auf Gräbern tanzten und Männer wie Pferde ritten. So gut wie jede Erkrankung verdankte sich Neid, Hass und Zauberattacken. Überdies verband die Hexerei eine seltsam ambivalente Beziehung mit der nationalen Identität. Zwar bezogen sich die Menschen rhetorisch auf die Gleichheit und Einheit des madegassischen Volkes – »wie Haare auf einem Kopf« –, doch wurde das Ideal wirtschaftlicher Gleichheit selten, wenn überhaupt, beschworen.

Sie nahmen dennoch an, dass wer auch immer zu reich oder zu mächtig wurde, der Hexerei zum Opfer fallen würde, und wenngleich die Hexerei die Definition des Bösen war, so sahen sie in ihr doch auch etwas speziell Madegassisches (Zauberei war Zauberei, aber bei Schadenszauber sprach man von »madegassischer Zauberei«). Sofern es zu rituellen Handlungen moralischer Solidarität kam und das Ideal der Gleichheit beschworen wurde, geschah dies hauptsächlich bei Ritualen, die dazu dienten, jene Hexen zu unterdrücken, zu vertreiben oder zu vernichten, die paradoxerweise die verzerrte Verkörperung und die praktische Vollstreckung des egalitären Ethos der Gesellschaft selbst waren.

Beachten Sie den auffallenden Gegensatz, der in jedem einzelnen Fall zwischen dem kosmologischen Inhalt, den man getrost als turbulent bezeichnen darf, und dem gesellschaftlichen Vorgehen, bei dem sich alles um Vermittlung dreht und auf einen Konsens hinausläuft, besteht. Keine dieser Gesellschaften ist gänzlich egalitär: immer existieren gewisse Leitformen der Dominanz, zumindest von Männern über Frauen, Älteren über Jüngere. Wesen und Intensität dieser Formen variieren enorm: In den Piaroa-Gemeinschaften waren die Hierarchien so wenig ausgeprägt, dass Overing bezweifelt, ob sie überhaupt als »männliche Dominanz« bezeichnet werden konnten (trotz der Tatsache, dass die Oberhäupter von Gemeinden unweigerlich Männer sind). Mit den Tiv hingegen ist das offenbar eine ganz andere Sache. Dennoch treten ausnahmslos strukturelle Ungleichheiten auf, sodass ich demgemäß zu dem Ergebnis kommen kann, dass diese Anarchien nicht nur unvollkommen sind – sie tragen in sich den Samen ihrer Zerstörung. Wo umfassendere, systembedingt gewalttätigere Herrschaftsformen auftreten, greifen sie zu ihrer Rechtfertigung kaum zufällig auf genau diese Idiomatik von Alter und Geschlecht zurück.

Und doch, glaube ich, wäre es ein Fehler zu meinen, dass die unsichtbare Gewalt und der Terror lediglich Folgeerscheinungen der »inneren Widersprüche« sind, die durch jene Formen der Ungleichheit entstanden. Man könnte vielleicht argumentieren, dass dies auf die reale, spürbare Gewalt in den meisten Fällen zutrifft. Zumindest ist es nur zu bekannt, dass in Gesellschaften, deren einzige beachtenswerte Ungleichheiten auf dem Geschlecht beruhen, wahrscheinlich nur solche Morde vorkommen, die von Männern an Männern im Streit um Frauen verübt werden. Ebenso scheint es generell zuzutreffen, dass je ausgeprägter die Unterschiede zwischen männlichen und weiblichen Rollen in einer Gesellschaft sind, desto stärker diese zu physischer Gewalt neigt. Doch selbst wenn alle Ungleichheiten verschwänden, bedeutete dies kaum, dass dann alles, auch die Phantasie, ruhig und friedlich wäre. Bis zu einem gewissem Grad, befürchte ich, entspringt diese heftige Verwirrung direkt der Beschaffenheit des Menschseins. Es scheint so, als gäbe es keine Gesellschaft, die das menschliche Dasein nicht grundsätzlich als Problem betrachtete. Wie sehr sie sich auch darin, was sie für das Problem halten, unterscheiden mögen – Arbeit, Sex und Reproduktion (das ist existenziell das allermindeste) erscheinen von allen möglichen Misslichkeiten belastet; menschliche Begierden unterliegen stets irgendwelchen Launen; und dann ist da die Tatsache, dass wir alle sterben werden. Es gibt also eine Menge, was uns Kummer bereiten kann. Keine dieser Zwickmühlen wird verschwinden, wenn wir strukturelle Ungleichheiten beseitigen (so sehr ich auch der Meinung bin, dass die Dinge dadurch in praktisch jeder anderen Hinsicht verbessert würden). Dass es möglich wäre, die menschlichen Verhältnisse, Sehnsüchte, das Faktum der Sterblichkeit insgesamt in den Griff zu bekommen, scheint sogar eine besonders gefährliche Fantasie zu sein, ein utopisches Bild, das immer irgendwo hinter den Anmaßungen der Macht und des Staates zu lauern scheint. Stattdessen hat es den Anschein (ich habe bereits darauf hingewiesen), als erwüchse die gespenstische Gewalt aus eben jenen Spannungen, die dem Projekt einer egalitären Gesellschaft inhärent sind. Ansonsten sollte man wenigstens meinen, dass es in der Fantasiewelt der Tiv turbulenter zuginge als in der der Piaroa.

> Dass der Staat aus Vorstellungen einer utopischen Lösung für die grundsätzlichen Probleme der menschlichen Verfassung hervorging, war auch Clastres' Standpunkt. Seiner Auffassung nach konnte die Institution des Staates historisch gesehen unmöglich aus den politischen Institutionen anarchistischer Gesellschaften hervorgegangen sein, deren Struktur ja verhindern sollte, dass dergleichen eintrat. Vielmehr konnte er nur aus religiösen Einrichtungen entstanden sein: Clastres verwies auf die Propheten der Tupinambá, welche die gesamte Bevölkerung auf eine lange Wanderschaft nach dem »Land ohne Übel« führten. Was Peter Lambert Wilson »die Clastres'sche Maschine« nennt, jene Anordnung von Mechanismen, die der Entstehung von Herrschaft entgegenarbeiten, und was ich das System der Gegenmacht nenne, kann sich in späteren Zusammenhängen natürlich selbst in derartigen apokalyptischen Fantasien verfangen.

Nun mag der oder die Leser*in an dieser Stelle einwenden: »Na klar, aber was hat irgendetwas davon mit der Sorte aufständischer Gemeinschaften zu tun, von denen revolutionäre Theoretiker*innen gewöhnlich sprechen, wenn sie das Wort ›Gegenmacht‹ verwenden?«

Sich anzuschauen, was die beiden erstgenannten Fälle vom dritten unterscheidet, könnte hier von Nutzen sein – denn die madegassischen Gemeinden, mit denen ich 1990 zu tun hatte, lebten in Umständen, die in vieler Hinsicht einer aufständischen Situation ähnelten. Vom 19. zum 20. Jahrhundert war es zu einem bemerkenswerten Wandel in der Einstellung der Menschen gekommen. So gut wie alle Berichte aus dem 19. Jahrhundert waren sich darin einig, dass trotz einer weit verbreiteten Abneigung gegen die korrupte und oft brutale madegassische Regierung niemand die Legitimität der Monarchie selbst, insbesondere aber die absolute persönliche Loyalität gegenüber der

Königin infrage stellte. Auch bezweifelte niemand ausdrücklich die Rechtmäßigkeit der Sklaverei. Nach der französischen Eroberung der Insel 1895, der die Abschaffung sowohl der Monarchie als auch der Sklaverei auf dem Fuß folgte, scheint sich all dies äußerst schnell geändert zu haben. Nach noch nicht einmal einer Generation konnte man der Haltung begegnen, die ich hundert Jahre später auf dem Land nahezu überall verbreitet fand: Sklaverei sei ein Übel und Monarch*innen galten von Natur aus als unmoralisch, weil sie andere wie Sklav*innen behandelten. Letzten Endes verschmolzen alle Befehlsbeziehungen (Wehrdienst, Lohnarbeit, Zwangsarbeit) in den Köpfen der Leute zu Varianten der Sklaverei; die gleichen Institutionen, die vormals als unantastbar gegolten hatten, waren nun gerade die Definition von Unrechtmäßigkeit, und dies vor allem bei jenen, die den eingeschränktesten Zugang zu höherer Schulbildung und den Ideen der französischen Aufklärung hatten. Im Laufe der Zeit bedeutete »madegassisch« zu sein immer mehr, solche fremden Ansichten abzulehnen. Kombiniert man diese Haltung mit einem anhaltenden passiven Widerstand gegen staatliche Einrichtungen und mit der Herausbildung autonomer und verhältnismäßig egalitärer Formen der Selbstverwaltung, so könnte man was dort geschah als Revolution begreifen. Nach der Finanzkrise der Achtzigerjahre brach der Staat in weiten Teilen des Landes praktisch zusammen oder wurde jedenfalls zu einer leeren Formsache, ohne den Rückhalt systematischen Zwangs. Die ländliche Bevölkerung machte in vielen Bereichen so weiter wie zuvor und suchte in regelmäßigen Abständen die Ämter auf, um Formulare auszufüllen, auch wenn sie keine realen Steuern mehr bezahlte. Die Regierung bot kaum noch irgendwelche Dienstleistungen an und in Fällen von Diebstahl oder selbst Mord ließ sich die Polizei nicht mehr blicken. Wenn Revolution bedeutet, dass Leute, die gegen irgendeine Form der Macht, die als unterdrückend erkannt wird, Widerstand leisten, die einen wesentlichen Aspekt jener Macht als Quelle eines prinzipiellen Übels identifizieren und dann versuchen, sich der Unterdrücker auf eine Weise zu entledigen, die besagte Form der Macht im Alltagsleben vollständig zum Verschwinden bringt, dann lässt sich nur schwer bestreiten, dass dies in einem gewissen Sinne tatsächlich eine Revolution war. Damit muss kein konkreter Aufstand verbunden gewesen sein, aber eine Revolution war es nichtsdestotrotz.

Wie lange sie Bestand hätte, ist eine andere Frage; es war eine sehr zerbrechliche, schwache Form der Freiheit. Viele solcher Enklaven sind untergegangen – in Madagaskar und anderswo. Andere bestehen fort; neue werden ständig geschaffen. Die heutige Welt ist voll von solchen anarchischen Freiräumen, und je erfolgreicher sie sind, um so unwahrscheinlicher ist es, dass wir von ihnen hören. Nur wenn ein solcher Freiraum einen Gewaltausbruch erlebt, haben Außenstehende überhaupt Gelegenheit, herauszufinden, dass es ihn gibt.

Eine Frage, die Rätsel aufgibt: Wie konnten im Verhalten der Menschen so schnell solche tiefgreifenden Veränderungen auftreten? Die naheliegende Antwort ist, dass es in Wirklichkeit gar nicht dazu kam; wahrscheinlich gingen selbst unter dem Königtum im 19. Jahrhundert Dinge vor sich, derer fremde Beobachter (auch jene, die lange auf der Insel lebten) einfach nicht gewahr wurden. Doch ebenso klar ist, dass erst im Kontext der oktroyierten Kolonialherrschaft so schnell neue Prioritäten gesetzt werden konnten. Ermöglicht wird dies meines Erachtens, wo sich tief verwurzelte Formen von Gegenmacht auf Dauer behaupten. Viel von der ideologischen Arbeit, die mit einer Revolution einhergeht, wurde tatsächlich in eben jener gespenstischen nächtlichen Welt der Zauberer und Hexen geleistet; in den neu definierten moralischen Implikationen verschiedener Formen magischer Macht. Aber dies unterstreicht nur, warum diese gespenstischen Zonen stets Dreh- und Angelpunkt der Moralvorstellungen sind, auch als eine Art schöpferisches Reservoir für einen möglichen revolutionären Wandel. Es sind genau diese unsichtbaren Freiräume – unsichtbar vor allem für die Macht –, aus denen das Potenzial für einen Aufstand und die außerordentliche gesellschaftliche Kreativität, die in revolutionären Momenten aus dem Nichts aufzutauchen scheint, tatsächlich kommen.

Der Gang der Argumentation lässt sich demnach wie folgt zusammenfassen:

1.) Gegenmacht wurzelt zunächst und vor allem in der Imagination; sie erwächst aus der Tatsache, dass alle sozialen Systeme Bündel von Widersprüchen sind und stets bis zu einem gewissen Maß im Krieg mit sich selbst. Oder präziser ausgedrückt: Sie wurzelt in dem Verhältnis zwischen praktischer Vorstellungskraft, die es braucht, um eine auf Konsens beruhende Gesellschaft (wie es jede nicht auf Gewalt beruhende Gesellschaft letztlich sein muss) zu erhalten – das unaufhörliche Werk imaginärer Identifikation mit anderen, welches Verstehen ermöglicht –, und der gespenstischen Gewalt, die eine permanente, vielleicht unvermeidliche Begleiterscheinung zu sein scheint.

2.) In egalitären Gesellschaften ließe sich Gegenmacht als vorherrschende Form gesellschaftlicher Macht bezeichnen. Sie wacht über gewisse erschreckende Möglichkeiten, die man der Gesellschaft selbst zuschreibt: insbesondere über das Auftreten systematischer Formen politischer oder wirtschaftlicher Dominanz.

   2.1) Institutionell nimmt die Gegenmacht Gestalt an in den (wie wir sie nennen wollen) Einrichtungen der direkten Demokratie, des Konsens und der Vermittlung; das heißt, in öffentlichen Verfahrensweisen, die dazu dienen, jenen unvermeidlichen inneren Aufruhr zu überwinden und zu kontrollieren und ihn in jene gesellschaftlichen Werte (oder, wenn Sie wollen, Wertformen) umzuwandeln, die von der Gesellschaft als besonders wünschenswert angesehen werden: Geselligkeit, Einstimmigkeit, Fruchtbarkeit, Wohlstand, Schönheit, wie auch immer man es formulieren mag.

3.) In Gesellschaften, die ein hohes Maß an Ungleichheit aufweisen, grenzt sich die imaginäre Gegenmacht häufig gegenüber bestimmten Herrschaftsaspekten ab, die als besonders unangenehm angesehen werden; daraus kann ein Versuch werden, sie völlig aus den gesellschaftlichen Beziehungen zu tilgen. Kommt es so weit, haben wir eine revolutionäre Situation.

   3.1) In institutioneller Hinsicht, als ein Brunnen der Imagination, ist die Gegenmacht für die Schaffung neuer gesellschaftlicher Formen und für die Umwertung oder Umwandlung alter verantwortlich. Genau diese

4.) ermöglicht auch in Augenblicken radikaler Transformation – Revolutionen im hergebrachten Sinn – die offenkundige Befähigung von Bevölkerungen, neue politische, ökonomische und soziale Formen zu schöpfen und ins Leben zu rufen. Folglich ist die Gegenmacht die Wurzel dessen, was Antonio Negri »konstituierende Macht« genannt hat, die Macht, die es braucht, Verfassungen zu schaffen.

Die meisten modernen konstitutionellen Systeme sehen sich selbst als Hervorbringung einer Rebellion: siehe die Amerikanische Revolution, die Französische Revolution und so weiter. Das ist natürlich nicht immer so gewesen. Aber das führt uns zu einem sehr wichtigen Punkt, weil jede wirklich politisch engagierte Anthropologie damit anfangen muss, sich ernsthaft mit der Frage auseinanderzusetzen, was, wenn überhaupt etwas, die von uns gern »modern« genannte Welt vom Rest der menschlichen Geschichte, dem Menschen wie die Piaroa, Tiv oder die Madegassen normalerweiser zugewiesen werden, unterscheidet. Das ist erwartungsgemäß eine ziemlich schwierige Frage, aber ich fürchte, ihr ist nicht aus dem Weg zu gehen, da ansonsten viele Leser*innen von der begründeten Notwendigkeit einer anarchistischen Anthropologie überhaupt nicht zu überzeugen sein dürften.

# Mauern in die Luft sprengen

Wie ich erwähnt habe, existiert eine anarchistische Anthropologie in Wirklichkeit nicht. Es gibt nur Bruchstücke. Im ersten Teil dieses Essays habe ich versucht, einige davon zusammenzutragen und nach gemeinsamen Themen Ausschau zu halten; im folgenden Teil möchte ich weiter gehen und mir ein gesellschaftstheoretisches Korpus vorstellen, wie es irgendwann in der Zukunft vielleicht bestehen könnte.

## Offensichtliche Einwände

Bevor ich das tun kann, muss ich ernsthaft dem üblichen Einwand gegen ein Projekt dieser Art entgegentreten: dass die Untersuchung tatsächlich existierender anarchistischer Gesellschaften schlechthin irrelevant für die moderne Welt ist. Schließlich – reden wir nicht einfach nur über einen Haufen Primitiver?

Anarchist*innen mit anthropologischen Kenntnissen kommen die Argumente allzu bekannt vor. Ein typischer Wortwechsel hört sich etwa wie folgt an:

**Skeptiker:** Na ja, ich könnte diese ganze anarchistische Idee ernster nehmen, wenn ich Grund zu glauben hätte, dass sie funktioniert. Kannst du mir ein einziges Beispiel für eine Gesellschaft nennen, die ohne eine Regierung existiert?
**Anarchist:** Gewiss. Davon hat es Tausende gegeben. Ich könnte ein Dutzend nur aus dem Stegreif nennen: die Bororó, die Baining, die Onondaga, die Wintu, die Ema, die Tallensi, die Vezo ...

**Skeptiker:** Aber das ist alles ein Haufen Primitiver! Ich spreche von Anarchismus in einer modernen, technologischen Gesellschaft.

**Anarchist:** Also gut. Es hat alle möglichen Arten von erfolgreichen Experimenten gegeben; Experimente mit der Arbeiterselbstverwaltung wie bei Mondragón; ökonomische Projekte, die auf dem Konzept der Geschenkökonomie beruhen, wie Linux; alle Arten politischer Organisation, die auf Konsens und direkter Demokratie beruhen ...

**Skeptiker:** Sicher, sicher, aber das sind kleine, isolierte Beispiele. Ich spreche von ganzen Gesellschaften.

**Anarchist:** Nun, es ist ja nicht so, dass die Menschen es nicht versucht hätten. Schau dir die Pariser Kommune an, die Revolution im Republikanischen Spanien ...

**Skeptiker:** Oh ja, und schau dir an, was aus den Typen geworden ist! Man hat sie allesamt abgemurkst!

Die Karten sind gezinkt. Da kannst du nicht gewinnen. Denn wenn der Skeptiker »Gesellschaft« sagt, meint er in Wirklichkeit »Staat«, wenn nicht sogar »Nationalstaat«. Da niemand das Beispiel eines anarchistischen Staates herbeizaubern kann – das wäre ein Widerspruch in sich –, bittet man uns in Wirklichkeit um ein Beispiel für einen modernen Nationalstaat, dem irgendwie die Regierung herausgerupft wurde: eine Situation, in der die Regierung von Kanada, um ein beliebiges Beispiel zu nehmen, gestürzt worden wäre oder aus irgendeinem Grund sich selbst abgeschafft und keine neue ihren Platz eingenommen hätte, sondern stattdessen alle früheren kanadischen Bürger*innen damit begännen, sich in libertären Kollektiven zu organisieren. Es ist augenscheinlich, dass dergleichen nie zugelassen würde. Immer wenn es in der Vergangenheit so aussah, als könnte es dazu kommen – hier sind die Pariser Kommune und der Spanische Bürgerkrieg ausgezeichnete Beispiele –, haben sich die führenden Politiker so gut wie aller Nachbarstaaten bereit erklärt, ihre Differenzen so lange auszusetzen, bis man diejenigen, die versuchten, eine solche Situation herbeizuführen, zusammengetrieben und erschossen hatte.

Der Ausweg aus diesem Dilemma ist, zu akzeptieren, dass anarchistische Organisationsformen keinerlei Staatsähnlichkeit aufweisen würden. Dass damit eine unendliche Vielfalt von Gemeinschaften, Vereinen, Netzwerken, Projekten in jeder denkbaren Größenordnung ins Spiel käme, die sich auf jede uns vorstellbare Art und Weise – und womöglich auf viele unvorstellbare – überlappten und überschnitten. Manche wären ziemlich lokal, andere global. Von niemandem würde verlangt, bewaffnet zu erscheinen und anderen den Mund zu verbieten und sie herumzukommandieren. Vielleicht wäre dies ihre einzige Gemeinsamkeit – und dass, weil Anarchist*innen wirklich auf keinem nationalen Territorium versuchen würden, die Macht zu ergreifen, der Prozess der Ablösung eines Systems durch ein anderes nicht die Form einer plötzlichen revolutionären Katastrophe – der Erstürmung einer Bastille, des Sturms auf ein Winterpalast – annähme, sondern notgedrungen allmählich verlaufen müsste, durch die Schaffung alternativer Organisationsformen im Weltmaßstab, neuer Formen der Kommunikation, neuer, weniger entfremdeter Formen der Lebensgestaltung, die gegenwärtig existierende Formen der Macht letztendlich als dumm und nebensächlich erscheinen lassen würden. Was wiederum hieße, dass es zahllose Beispiele eines machbaren Anarchismus gibt: solange sie sich nicht irgendeiner höheren Autorität verdankte, würde so ziemlich jede Organisationsform darunterfallen, von einer Klezmer-Kapelle bis zum internationalen Postdienst.

Bedauerlicherweise scheint diese Art von Argumentation die meisten Skeptiker*innen nicht zufriedenzustellen. Sie wollen »Gesellschaften«. So ist man dazu genötigt, die historische und ethnografische Literatur nach Gebilden zu durchforsten, die einem Nationalstaat ähneln (ein Volk, das eine gemeinsame Sprache spricht, innerhalb eines begrenzten Territoriums lebt, ein gemeinsames System von Rechtsprinzipien anerkennt ...), die aber keinen Staatsapparat aufweisen (der nach Weber grob als eine Gruppe von Personen definiert werden kann, die den Anspruch erheben, wenigstens dann, wenn sie in offizieller Funktion antreten, die einzigen zu sein, die ein Recht auf gewalttätiges Handeln haben). Man kann sie auch finden, wenn man gewillt ist, den Blick auf relativ kleine, in Zeit und Raum weit von uns entfernte Gemeinschaften zu richten. Aber dann wird einem gesagt, dass sie genau aus diesem Grund nicht zählen.

Damit wären wir wieder beim ursprünglichen Problem. Es wird schon ausgegangen von einem absoluten Bruch zwischen der Welt, in der wir leben, und der Welt, die von jenen bevölkert wird, die vielleicht als »Primitive«, »Stammesangehörige« oder auch als »Bauern« charakterisiert werden würden. Anthropolog*innen trifft hier keine Schuld: Wir bemühen uns inzwischen seit Jahrzehnten darum, die Öffentlichkeit davon zu überzeugen, dass es so etwas wie »Primitive« nicht gibt, dass »einfache Gesellschaften« in Wirklichkeit gar nicht so einfach sind, dass zu keiner Zeit jemand in fortwährender Isolation existiert hat, dass es keinen Sinn ergibt, wenn man manche Gesellschaftssysteme als mehr, andere als weniger entwickelt bezeichnet; aber bisher haben wir dabei nur wenige Fortschritte gemacht. Es ist fast unmöglich, den oder die Durchschnittseuropäer*in oder -amerikaner*in davon zu überzeugen, dass ein Haufen Indigener aus dem Amazonasgebiet ihnen etwas beibringen könnte – wohingegen wir uns durchaus vorstellen könnten, dass wir alle die Zivilisation hinter uns lassen würden, um in Amazonien zu leben –, und zwar deshalb, weil sie vermeintlich in einer von der unseren ganz und gar verschiedenen Welt lebten. Was wiederum, seltsam genug, darin begründet ist, wie wir über Revolutionen zu denken pflegen.

Lassen Sie mich in der Beweisführung fortfahren, die ich im letzten Abschnitt zu skizzieren begonnen habe, und zu erklären versuchen, warum ich meine, dass sie zutrifft:

## Ein recht kurzes Manifest das Konzept der Revolution betreffend

Man hat den Begriff »Revolution« im gängigen Sprachgebrauch so unermüdlich zur Billigware gemacht, dass er nahezu alles bedeuten kann. Jetzt haben wir jede Woche Revolutionen: Revolutionen im Bankwesen, kybernetische Revolutionen, medizinische Revolutionen, eine Internet-Revolution jedes Mal, wenn jemandem eine schlaue neue Software einfällt.

Diese Sorte Phrasendrescherei ist nur möglich, weil die übliche Definition von Revolution stets etwas in der Art eines Paradigmenwechsels zur Voraussetzung hat: einen klaren Bruch, einen entscheidenden Riss in der Beschaffenheit der gesellschaftlichen Realität, wonach alles anders läuft und frühere Kategorien nicht mehr anwendbar sind. Dies allerdings macht es überhaupt erst möglich, zu behaupten, dass sich die moderne Welt von zwei »Revolutionen« herleitet: der Französischen Revolution und der Industriellen Revolution, trotz der Tatsache, dass die beiden fast nichts anderes gemeinsam hatten, als dass sie einen Bruch mit allem Vorangegangenen zu markieren schienen. Ein merkwürdiges Resultat davon ist, wie Ellen Meskins Wood festgestellt hat, dass wir uns angewohnt haben, das, was wir »Modernität« nennen, so zu diskutieren, als handelte es sich dabei um eine Kombination aus englischer Laissez-faire-Ökonomie und französischem republikanischem Regierungssystem, ungeachtet der Tatsache, dass beide nie zusammen vorkamen: Die Industrielle Revolution ereignete sich unter einer bizarren, antiquierten, noch weitgehend mittelalterlichen englischen Verfassung und Frankreich war im 19. Jahrhundert alles andere als wirtschaftlich liberal.

(Der seinerzeitige Reiz, den die Russische Revolution auf die »Entwicklungsländer« hatte, scheint sich von der Tatsache herzuleiten, dass sie das einzige Beispiel für eine Revolution ist, bei der beide Formen anscheinend zusammenfielen: eine nationale Machtergreifung, die dann zur schnellen Industrialisierung führte. Das hatte zur Folge, dass im 20. Jahrhundert nahezu jede Regierung auf der Südhälfte des Globus, die entschlossen war, ökonomische Aufholjagd mit den Industriemächten zu spielen, auch den Anspruch erheben musste, ein revolutionäres Regime zu sein.)

Wenn all dem ein logischer Irrtum zugrunde liegt, dann beruht er auf der Vorstellung, gesellschaftlicher oder auch technologischer Wandel nehme die Form an, die Thomas Kuhn »die Struktur wissenschaftlicher Revolutionen« genannt hat. Kuhn bezieht sich auf Ereignisse wie den Wandel vom Weltbild Newtons zu demjenigen Einsteins: Es kommt zu einem plötzlichen intellektuellen Durchbruch und danach ist die Welt eine andere. Auf etwas anderes als wissenschaftliche Revolutionen angewandt hieße das, dass die Welt wirklich dem entspräche, was wir von ihr wissen; sobald wir die Prinzipien änderten, auf denen unser Wissen beruht, änderte sich auch die Wirklichkeit. Das ist genau die Art von grundlegendem Denkfehler, den wir nach Auskunft der Entwicklungspsychologie schon in früher Kindheit zu überwinden lernen sollten, aber es hat den Anschein, dass es nur wenigen von uns wirklich gelingt.

Tatsächlich unterliegt die Welt keinerlei Verpflichtung, unseren Erwartungen gerecht zu werden, und soweit »Realität« sich auf alles bezieht, bezieht sie sich exakt auf das, was wir mit noch so viel Fantasie und Einfallsreichtum niemals vollständig werden erfassen können. Totalitäten insbesondere sind immer Gebilde unserer Imagination. Nationen, Gesellschaften, Ideologien, geschlossene Systeme … nichts davon existiert wirklich; die Realität ist immer unendlich viel chaotischer – auch wenn der Glaube an ihre Existenz eine unbestreitbare gesellschaftliche Kraft ist. Eines steht fest: Die Denkgewohnheit, welche die Welt oder Gesellschaft als ein System erklärt, das sich zu einem Ganzen summiert (in dem jedes Element seine Bedeutung nur in Beziehung zu den anderen gewinnt), resultiert fast immer und unvermeidlich in einer Sicht, wonach Revolutionen katastrophale Umwälzungen sind. Wie denn sonst könnte ein solches System durch ein völlig anderes ersetzt werden, wenn nicht durch einen kataklysmischen Umsturz? Die menschliche Geschichte wird so zu einer Abfolge von Revolutionen: die Neolithische Revolution, die Industrielle Revolution, die Informationsrevolution etc., und so richten sich die politischen Sehnsüchte auf den Traum, den Prozess irgendwie unter Kontrolle zu bekommen; um an den Punkt zu gelangen, wo wir einen derartigen Umsturz herbeiführen können, einen entscheidenden Durchbruch, der nicht einfach nur geschehen, sondern das direkte Ergebnis einer Art kollektiven Willens sein wird. »Die Revolution«, genau genommen.

Wenn das so ist, kommt es nicht überraschend, dass radikale Denker*innen in dem Augenblick, als sie spürten, diesen Traum aufgeben zu müssen, in einer ersten Reaktion ihre Anstrengungen verdoppelten, um Revolutionen zu finden, die sich in jedem Fall ereigneten. Das geht bis zu dem Punkt, wo jemand wie Paul Virilio Umbrüche als unseren dauerhaften Seinszustand versteht, oder wo sich für jemanden wie Jean Baudrillard die gegenwärtige Welt alle paar Jahre vollständig verändert – wann immer er eine neue Idee hat.

Das ist kein Appell zur glatten Zurückweisung solcher imaginärer Totalitäten – angenommen, das wäre überhaupt möglich, was es wohl kaum ist, da sie wahrscheinlich notwendige Werkzeuge menschlichen Denkens sind. Es ist eine Aufforderung, immer zu berücksichtigen, dass sie eben dies sind: geistige Werkzeuge. Es ist zum Beispiel wirklich eine sehr gute Sache, dass wir fragen können, wie wir »nach der Revolution das Transportwesen organisieren werden«, »wer die wissenschaftliche Forschung finanzieren wird« oder auch: »Was glaubst du, wird es nach der Revolution noch Modezeitschriften geben?« Solch ein Satz ist ein nützliches geistiges Scharnier; selbst wenn wir überdies anerken-

nen, dass die Revolution, falls wir nicht willens sind, Tausende von Menschen zu massakrieren (und wahrscheinlich selbst dann), mit einiger Gewissheit kein solcher sauberer Schnitt sein wird, wie es ein solcher Satz impliziert.
Was wird es dann sein? Ich habe bereits einige Vorschläge gemacht. Eine Revolution im Weltmaßstab wird sehr lange Zeit in Anspruch nehmen. Aber wir können auch erkennen, dass sie bereits in ihrem Anfangsstadium ist. Es ist am einfachsten, uns gedanklich damit anzufreunden, wenn wir aufhören, die Revolution als eine Sache zu begreifen – »die« Revolution, die große kataklysmische Wende –, und stattdessen die Frage stellen: »Was ist revolutionäres Handeln?« Unser Vorschlag könnte also lauten: Revolutionäres Handeln ist jede kollektive Aktion, die eine bestimmte Form der Macht oder Herrschaft ablehnt, sich ihr deshalb entgegenstellt und so gesehen durch dieses Tun gesellschaftliche Beziehungen – selbst innerhalb des Kollektivs – neu einrichtet. Revolutionäre Aktion muss nicht unbedingt darauf abzielen, Regierungen zu Fall zu bringen. Versuche, im Angesicht der Macht autonome Gemeinschaften zu schaffen (wobei wir hier Castoriadis' Definition verwenden: solche, die sich selbst konstituieren, ihre eigenen Verfahrensregeln und Funktionsprinzipien kollektiv festlegen und sie laufend überprüfen), wären beispielsweise fast schon definitionsgemäß revolutionäre Handlungen. Und die Geschichte zeigt uns, dass die fortdauernde Akkumulierung solcher Handlungen (nahezu) alles verändern kann.

Ich bin kaum der Erste, der so argumentiert – manch eine Vision ergibt sich fast zwangsläufig, wenn man nicht mehr in Kategorien des Staates und der Ergreifung der Staatsmacht denkt. Ich möchte hier lediglich die Bedeutung hervorheben, die dies für unseren Blick auf die Geschichte hat.

# Ein Gedankenexperiment oder Mauern in die Luft sprengen

Mein Vorschlag besteht im Wesentlichen darin, dass wir uns auf eine Art Gedankenexperiment einlassen. Was wäre, wenn, wie es ein neuerer Buchtitel formuliert hat, »wir nie modern gewesen sind«? Was, wenn es nie einen grundlegenden Bruch gegeben hätte und wir deshalb auch nicht in einer moralisch, gesellschaftlich oder politisch grundlegend anderen Welt als die Piaroa, Tiv oder die bäuerlichen Madegassen leben?

Es gibt eine Million verschiedene Möglichkeiten, »die Moderne« zu definieren. Manchen zufolge hat sie hauptsächlich mit Naturwissenschaft und Technologie zu tun, für andere ist sie eine Sache des Individualismus; bei wieder anderen von Kapitalismus oder bürokratischer Rationalität oder Entfremdung oder eines Freiheitsideals der einen oder anderen Art. Wie die Definition auch ausfällt, fast alle stimmen darin überein, dass irgendwo im 16., 17. oder 18. Jahrhundert eine Große Transformation eintrat, dass sie sich in Westeuropa und seinen Siedlerkolonien ereignete und dass wir aus diesem Grund »modern« wurden. Und dass wir, sobald dies geschah, zu einem fundamental andersartigen Wesen wurden, das sich von allem, was vorausgegangen war, unterschied.

Aber was wäre, wenn wir dieses ganze System zum Teufel schickten? Wenn wir die Mauer in die Luft jagten? Was, wenn wir einsähen, dass die Menschen, die Kolumbus oder Vasco da Gama auf ihren Expeditionen »entdeckten«, nur wir selber waren? Oder bestimmt ebenso sehr »wir«, wie es Kolumbus und Vasco da Gama je waren?

Ich bestreite nicht, dass sich in den letzten fünfhundert Jahren Wichtiges verändert hat, genau so wenig, wie ich der Ansicht bin, dass kulturelle Unterschiede unwichtig seien. In einem gewissen Sinne leben alle, jede Gemeinschaft, und im Übrigen auch jedes Individuum in einer eigenen einmaligen

Welt. »Mauern in die Luft sprengen« heißt meines Erachtens zuallererst, die arroganten, unüberlegten Annahmen und Behauptungen zu pulverisieren, die besagen, wir hätten mit 98% der Menschen, die je gelebt haben, nichts gemein, weshalb wir uns nicht wirklich Gedanken über sie machen müssten. Denn wenn man einen grundsätzlichen Bruch annimmt, ist die einzige theoretische Frage, die sich dann noch stellen lässt, eine Variante von »Was macht uns so besonders?« Wenn wir uns von diesen Annahmen befreien und dazu aufraffen, uns wenigstens mit der Vorstellung anzufreunden, dass wir nicht gar so besonders sind, wie wir gerne glauben möchten, können wir auch damit beginnen, darüber nachzudenken, was sich wirklich geändert hat und was nicht.

**Ein Beispiel:**
Seit langem schon gibt es eine verwandte Debatte darüber, welchen besonderen Vorteil »der Westen« – wie Westeuropa und seine Siedlerkolonien sich zu nennen belieben – gegenüber dem Rest der Welt hatte, der es ihm gestattete, in den vierhundert Jahren zwischen 1500 und 1900 einen so großen Teil davon zu erobern. War es ein effizienteres Wirtschaftssystem? Eine überlegene militärische Tradition? Hatte es mit dem Christentum zu tun oder dem Protestantismus oder einem Geist rationalistischen Forschens? War es einfach eine Sache der Technologie? Oder hing es mit stärker individualistisch ausgeprägten Familienverhältnissen zusammen? Eine Kombination all dieser Faktoren? Die westliche historische Soziologie hat sich in hohem Maße der Lösung dieses Problems gewidmet. Es ist ein Zeichen dafür, wie tief verwurzelt diese Annahmen sind, dass erst in jüngster Zeit Wissenschaftler damit begonnen haben, überhaupt anzudeuten, dass Westeuropa in Wirklichkeit vielleicht gar keine grundlegenden Vorteile hatte; dass europäische Technologie, Wirtschafts- und Sozialordnung, staatliche Organisation und was noch alles 1450 in keiner Weise

»fortgeschrittener« war als das, was damals in Ägypten, Bengalen oder Fujian und den meisten anderen urbanisierten Gegenden der alten Welt anzutreffen war. Europa hatte vielleicht auf einigen Gebieten (z.B. Seekriegstechniken, gewissen Aspekten des Bankwesens) einen Vorsprung, hinkte aber auf anderen (Astronomie, Rechtswesen, Agrartechnologie, Landkriegstechniken) deutlich hinterher. Vielleicht gab es keinen geheimnisvollen Vorteil. Was sich tat, war vielleicht nur ein Zufall. Westeuropa lag zufällig in jenem Teil der Alten Welt, von wo aus die Neue Welt am leichtesten zu erreichen war; die Ersten, die das schafften, hatten das unglaubliche Glück, Länder voller enormer Reichtümer zu entdecken, bevölkert von wehrlosen Steinzeitvölkern, die praktischerweise fast noch im gleichen Augenblick zu sterben begannen, als sie ankamen; der unerwartete Goldregen und der demografische Vorteil, den man dem Besitz von Ländern verdankte, deren Bevölkerungsüberschuss man abschöpfen konnte, war mehr als genug, um die späteren Erfolge der europäischen Mächte zu erklären. Es war danach möglich, die (weitaus effizientere) indische Textilindustrie auszuschalten und den Platz für eine industrielle Revolution zu schaffen, sowie Asien überhaupt in einem Maße zu verwüsten und zu unterwerfen, dass es in technologischer Hinsicht – insbesondere in industrieller und militärischer Technologie – immer weiter zurückblieb.

Eine Reihe von Autoren (Blaut, Goody, Pomeranz, Gunder Frank) hat diese Argumentation in den letzten Jahren etwas variiert. Es ist im Grunde genommen eine moralische Diskussion, ein Angriff auf die westliche Überheblichkeit. Als solche ist sie von großter Bedeutung. Das einzige Problem in moralischer Hinsicht ist dabei die Tendenz, Möglichkeiten und Neigungen durcheinanderzubringen. Das heißt, die Argumentation beruht auf der Annahme, dass westliche Historiker*innen Recht mit der Behauptung hatten, dass was auch immer es Europäer*innen ermöglichte, Millionen andere Menschen zu enteignen, zu entführen, zu versklaven und auszulöschen, ein Kennzeichen von Überlegenheit war und dass es deshalb für Nichteuropäer*innen beleidigend wäre, wenn man ihnen unterstellte, sie besäßen es nicht auch. Mir scheint es eine viel größere Beleidigung zu sein, behaupten zu wollen, irgendwer hätte sich jemals wie die Europäer*innen des 16. und 17. Jahrhunderts aufgeführt – z.B. weite Gebiete der Anden oder Zentralmexikos entvölkert, deren Bewohner*innen sich in den Bergwerken zu Tode schufteten, oder einen beachtlichen Teil der afrikanischen Bevölkerung verschleppt, dem auf den Zuckerrohrplantagen das gleiche Schicksal widerfuhr –, wenn man nicht tatsächlich Beweise dafür hat, dass sie dem Völkermord in solcher Weise zugeneigt waren. Es scheint denn auch tatsächlich zahlreiche Beispiele von Menschen in Positionen gegeben zu haben, die auf globaler Ebene ähnliches Unheil hätten anrichten können – etwa die Ming-Dynastie im 15. Jahrhundert –, dies aber nicht taten, nicht so sehr, weil sie Skrupel davor hatten, sondern weil es ihnen gar nicht erst in den Sinn gekommen wäre, so zu handeln.

Seltsam genug läuft letzten Endes alles darauf hinaus, für welche Definition von Kapitalismus man sich entscheidet. Fast alle oben genannten Autoren neigen dazu, den Kapitalismus als bloß eine weitere Errungenschaft anzusehen, von der Westler*innen[6] arroganterweise annehmen, sie erfunden zu haben, und definieren ihn (wie die Kapitalisten) weitgehend als eine Sache von Handel und Finanzinstrumenten. Aber die Bereitwilligkeit, Profit über alle menschlichen Belange zu stellen, eine Bereitwilligkeit, die die Europäer*innen dazu trieb, ganze Weltregionen zu entvölkern, um den größtmöglichen Ertrag an Silber oder Zucker auf den Markt zu bringen, war sicherlich etwas anderes. Sie scheint mir einen eigenen Namen zu verdienen. Aus diesem Grund

6 Im Original: »Westerners«. Gemeint sind, eurozentrisch gesehen, die Bewohner*innen »des Westens«. (A.d.V.)

halte ich es für besser, den Kapitalismus weiterhin so zu definieren, wie seine Gegner*innen es vorzugsweise tun: Er ist errichtet auf der Verbindung eines Systems der Lohnarbeit mit einem Prinzip unaufhörlichen Gewinnstrebens um seiner selbst Willen. Dies wiederum macht es möglich zu argumentieren, dass es sich dabei um eine seltsame Perversion normaler kommerzieller Logik handelte, die sich zufällig in einer zuvor ziemlich barbarischen Ecke der Welt festsetzte und deren Bewohner*innen dazu brachte, Verhaltensweisen an den Tag zu legen, die sonst vielleicht als abscheulich gelten würden. All dies, es sei noch mal gesagt, muss nicht unbedingt heißen, der Prämisse zuzustimmen, der zufolge der Kapitalismus, sobald er erst einmal da war, augenblicklich zu einem alles vereinnahmenden System wurde und dass von diesem Augenblick an alles, was sonst noch geschah, nur noch in Relation zu ihm verstanden werden kann. Aber es zeigt eine der Richtungen an, in der wir beginnen können darüber nachzudenken, was heutzutage wirklich anders ist.

Stellen wir uns also vor, dass der Westen, wie man ihn auch definieren mag, nichts Besonderes war, und des Weiteren, dass es in der Menschheitsgeschichte keinen grundlegenden Bruch gegeben hat. Niemand kann bestreiten, dass es zu massiven quantitativen Veränderungen gekommen ist: die Höhe des Energieverbrauchs, die menschliche Reisegeschwindigkeit, die Zahl der produzierten und gelesenen Bücher, all diese Zahlen sind sprunghaft angestiegen. Aber bleiben wir bei der Argumentation und stellen uns vor, dass diese quantitativen Veränderungen an sich keine zwangsläufigen Veränderungen in der Qualität bedeuten: Wir leben in keiner grundlegend anderen Art von Gesellschaft, als es sie bisher gegeben hat, wir leben in keiner grundlegend anderen Zeit, die Existenz von Fabriken oder Mikrochips bedeutet nicht, dass sich die politischen oder gesellschaftlichen Möglichkeiten grundsätzlich geändert hätten: oder, genauer gesagt, der Westen hat vielleicht einige neue

Möglichkeiten ins Spiel bringen können, hat aber keine von den alten rückgängig gemacht.

Wer so zu denken versucht, stößt zuallererst darauf, dass es überaus schwierig ist. Man muss sich erst durch die endlose Masse intellektueller Tricks und Mätzchen hindurchkämpfen, die eine Mauer der Distanzierung um »moderne« Gesellschaften aufbauen. Lassen Sie mich Ihnen nur ein Beispiel geben. Es ist üblich, zwischen sogenannten »Gesellschaften auf Verwandtschaftsbasis« und modernen zu unterscheiden, die auf unpersönlichen Institutionen wie dem Markt oder dem Staat beruhen sollen. Die traditionellerweise von Anthropolog*innen untersuchten Gesellschaften haben Verwandtschaftssysteme. Sie sind in Abstammungsgruppen organisiert – Lineages, Clans, Hälften [*moieties*] oder Zweigen [*ramages*] –, die ihre Abstammung auf gemeinsame Vorfahren zurückführen, leben zumeist auf dem Land ihrer Ahn*innen und setzen sich nach allgemeiner Ansicht aus Personen annähernd gleicher »Art« zusammen – eine Idee, die gewöhnlich in einer körperbezogenen Idiomatik zum Ausdruck kommt: von gleichem Fleisch, Knochen, Blut oder Haut. Oft bilden Verwandtschaftssysteme die Grundlage sozialer Ungleichheit, da manche Gruppen als höherstehend angesehen werden als andere, so beispielsweise in Kastensystemen; immer legt Verwandtschaft die Bedingungen für sexuelle und Heiratsbeziehungen fest und die Weitergabe von Besitztümern über die Generationen.

Der Ausdruck »auf Verwandtschaftsbasis« wird oft so benutzt, wie die Leute früher gewohnt waren, das Wort »primitiv« zu benutzen; es sind dies exotische Gesellschaften, die in keiner Weise so wie unsere eigene sind. (Daher die Annahme, wir bräuchten die Anthropologie, um sie zu studieren; gänzlich andere Fächer wie Soziologie und Wirtschaft, glaubt man, wären für das Studium moderner Gesellschaften erforderlich.) Aber dann erachten genau die gleichen Leute, die so argumentieren, es für selbstverständlich, dass sich die entscheidenden sozialen Probleme in unserer eigenen »modernen« (oder

»postmodernen«: für unsere jetzigen Zwecke ist das ein und dasselbe) Gesellschaft um ›Rasse‹, Klasse und Geschlecht drehen. Anders ausgedrückt: sich genau der Eigenart unseres Verwandtschaftssystems verdanken.

Was heißt es überhaupt, wenn man sagt, die meisten Amerikaner*innen sähen die Welt in »Rassen« aufgeteilt? Es bedeutet, dass sie glauben, sie sei in Gruppen vermeintlich gleicher Abstammung unterteilt, Gruppen, die einen gemeinsamen geografischen Ursprung haben und die aus diesem Grund als »verschiedenartig« angesehen werden, dass diese Vorstellung gewöhnlich in körperbezogenen Vokabeln wie Blut und Hautfarbe zum Ausdruck gebracht wird und dass das daraus resultierende System Sex, Heirat und Erbe regelt und daher soziale Ungleichheiten hervorbringt und aufrechterhält. Wir sprechen über etwas, dass einem klassischen Clansystem sehr nahekommt, nur eben im globalen Maßstab. Man könnte dagegen einwenden, dass Heiraten zwischen Angehörigen verschiedener ›Rassen‹ ziemlich häufig sind, was umso mehr für sexuelle Beziehungen gilt, aber schließlich ist es gerade das, was wir erwarten sollten. Statistische Erhebungen lassen immer erkennen, dass selbst in »traditionellen« Gesellschaften wie den Nambikwara oder Arapesh wenigstens 5–10% der jungen Leute jemanden heiraten, den sie nicht heiraten sollten. In statistischer Hinsicht sind die Phänomene von etwa gleicher Bedeutung. Etwas komplizierter ist es mit den sozialen Klassen, da diese Gruppen weniger klar voneinander abgegrenzt sind.

Und doch liegt der Unterschied zwischen einer herrschenden Klasse und einer Ansammlung von Menschen, die es zufällig zu etwas gebracht haben, genau genommen in der Verwandtschaft: Es ist die Fähigkeit, seine Kinder angemessen zu verheiraten und die eigenen Vorzüge an seine Nachkommen weiterzureichen. Leute heiraten auch über Klassengrenzen hinweg, aber selten sehr weit; und während die meisten Amerikaner*innen unter dem Eindruck zu stehen scheinen, dass sie in einem Land von beträchtlicher Klassenmobilität leben, ist alles, womit sie üblicherweise aufwarten können, wenn man sie nach Beispielen fragt, eine Handvoll Geschichten des Typs ›Vom Tellerwäscher zum Millionär‹. Es ist fast unmöglich, das Beispiel eines Amerikaners zu finden, der reich geboren wurde und als mittelloser Sozialhilfeempfänger endete. Worum es hier eigentlich geht, ist also die Geschichtskundigen vertraute Tatsache, dass herrschende Eliten (wenn sie nicht polygam sind) nie in der Lage sind, sich demografisch betrachtet selbst zu reproduzieren, und sich deshalb immer eine Möglichkeit offenhalten müssen, sich mit frischem Blut zu versorgen (und falls sie polygam sind, wird das natürlich selbst zu einer Form sozialer Mobilität).

Geschlechterbeziehungen sind natürlich der wahre Stoff, aus dem Verwandtschaft gemacht ist.

## Was wäre nötig, um diese Mauern niederzureißen?

Eine Menge, würde ich sagen. Zu viele Menschen haben zu viel in sie investiert, nur damit sie stehen bleiben. Dazu gehören, nebenbei bemerkt, auch Anarchist*innen. Zumindest in den Vereinigten Staaten sind die Anarchist*innen, die die Anthropologie am ernstesten nehmen, die Primitivist*innen. Sie sind eine kleine, aber sehr lautstarke Splittergruppe, die sich dafür aussprechen, dass die einzige Möglichkeit, die Menschheit wieder auf den richtigen Weg zu bringen, darin besteht, alles Moderne vollständig abzuschütteln. Von Marshall Sahlins' Essay »The Original Affluent Society« inspiriert, vertreten sie die Ansicht, dass es einst eine Zeit gab, als Entfremdung und Ungleichheit nicht existierten, als alle jagende und sammelnde Anarchist*innen waren, und dass es daher nur dann zu einer wirklichen Befreiung kommen kann, wenn wir die »Zivilisation« aufgeben und ins Jungpaläolithikum oder wenigstens in die frühe Eisenzeit zurückkehren. Faktisch wissen wir fast nichts darüber, wie das Leben im Jungpaläolithikum war, abgesehen von solchen Dingen, die man durch die Untersuchung alter Schädel in Erfahrung bringt (d.h. die Menschen des Paläolithikums hatten viel bessere Zähne; sie starben auch viel häufiger an traumatischen Kopfwunden). Was wir hingegen den jüngeren ethnografischen Berichten entnehmen können, ist eine unendliche Vielfalt. Es gab Jäger-Sammler-Gesellschaften mit Adeligen und Versklavten, es gibt Ackerbaugesellschaften, die ausgesprochen egalitär sind. Sogar auf Clastres' bevorzugtem, meistaufgesuchtem Untersuchungsgebiet in Amazonien treffen wir auf einige Gruppen, die zu Recht als Anarchist*innen beschrieben werden können, wie die Piaroa, welche just neben anderen Gruppen leben (sagen wir den kriegerischen Sherente), die zweifellos alles andere als das sind. Und »Gesellschaften« formieren sich ständig neu, wobei sie zwischen verschiedenen Stufen der Entwicklung (soll sagen: was wir dafür halten) hin- und herspringen.

Ich glaube nicht, dass wir viel verlieren, wenn wir zugeben, dass die Menschen niemals wirklich im Garten Eden lebten. Die Mauern einzureißen kann uns dazu verhelfen, diese Geschichte auf viel interessantere Weise für uns nutzbar zu machen. Sie funktioniert nämlich in beiden Richtungen. Nicht nur haben wir in den Industriegesellschaften nach wie vor Verwandtschaftssysteme (und Kosmologien); andere Gesellschaften haben ihre sozialen Bewegungen und Revolutionen. Was unter anderem bedeutet, dass radikale Theoretiker*innen nicht mehr endlos über den immergleichen, unzulänglichen Jahren revolutionärer Geschichte brüten müssen.

Zwischen dem 16. und dem 19. Jahrhundert war die Westküste von Madagaskar in eine Reihe von verwandten Königtümern unter der Maroansetra-Dynastie aufgeteilt. Ihre Untertan*innen waren unter dem gemeinsamen Namen Sakalava bekannt. Im nordwestlichen Madagaskar lebt heute eine »ethnische Gruppe«, versteckt in einem etwas schwer zugänglichen, hügeligen Hinterland, die als Tsimihety bezeichnet wird. Das Wort bedeutet wörtlich: »Jene, die sich die Haare nicht schneiden«. Das bezieht sich auf einen Sakalava-Brauch: Wenn ein König starb, erwartete man von seinen männlichen Untertanen, dass sie sich zum Zeichen der Trauer alle die Haare abschnitten. Die Tsimihety waren diejenigen, die das verweigerten und folglich die Autorität der Sakalava-Monarchie nicht anerkannten; bis auf den heutigen Tag kennzeichnet sie eine entschieden egalitäre Sozialordnung und Praxis. Sie sind, mit anderen Worten, die Anarchist*innen Nordwest-Madagaskars. Bis heute haben sie sich den Ruf bewahrt, Meister*innen des Sich-Entziehens zu sein: Unter den Franzosen beklagten sich Verwaltungsbeamte darüber, dass sie Delegationen schicken konnten, die Arbeitskräfte für den Bau einer Straße unweit eines Tsimihety-Dorfs organisieren sollten, dass sie die Arbeitsbedingungen mit offenbar kooperativen Ältesten aushandeln und eine Woche später mit der Ausrüstung wiederkommen konnten, nur um zu entdecken, dass das Dorf zur Gänze verlassen war – die einzelnen Bewohner*innen waren alle bei irgendwelchen Verwandten in anderen Teilen des Landes untergekommen.

Was mich hier besonders interessiert, ist das Prinzip der »Ethnogenese«, wie es heutzutage genannt wird. Die Tsimihety gelten jetzt als *foko* – Volksgruppe oder ethnische Gruppe –, aber ihre Identität entstand als politisches Projekt. Der Wunsch, frei von der Sakalava-Herrschaft zu leben, wurde in einen anderen Wunsch übersetzt – der mit der Zeit alle gesellschaftlichen Institutionen von Dorfversammlungen bis zum Bestattungsritual durchströmte –, nämlich in einer Gesellschaft zu leben, in der es keine hierarchischen Unterscheidungsmerkmale gibt. Daraus wurde die institutionalisierte Lebensweise einer zusammenlebenden Gemeinschaft, die nun ihrerseits als eine besondere »Art« von Menschen, eine ethnische Gruppe, angesehen wurde – Menschen, die für gewöhnlich untereinander heiraten und deshalb, auf der Grundlage gemeinsamer Ahn*innen, allmählich auch als Einheit gelten. So etwas ist leichter zu beobachten auf Madagaskar, wo alle ziemlich die gleiche Sprache sprechen. Aber ich bezweifle, dass es überhaupt so ungewöhnlich ist. Die Literatur über Ethnogenese ist noch recht neu, doch wird in zunehmendem Maße klar, dass die menschliche Geschichte größtenteils durch ständigen gesellschaftlichen Wandel gekennzeichnet war. Anstatt zeitloser Gruppen, die Jahrtausende lang auf ihren angestammten Territorien lebten, ereignete sich die ständige Schaffung neuer und die andauernde Auflösung alter Gruppen. Was wir unserer Gewohnheit folgend als Stämme oder Völker oder ethnische Gruppen auffassen, waren in vielen Fällen ursprünglich kollektive Projekte der einen oder anderen Art. Im Fall der Tsimihety sprechen wir von einem revolutionären Projekt, revolutionär wenigstens in dem Sinn, den ich hier herausgearbeitet habe: einer bewussten Zurückweisung bestimmter Formen übergreifender politischer Macht und eines Umdenkens und einer Neuordnung der Art und Weise, wie sie im Alltag miteinander umgehen, die aus dieser Zurückweisung hervorgeht. Die meisten Projekte sind das nicht. Einige sind egalitär, anderen geht es um die Propagierung einer bestimmten Sicht von Autorität oder Hierarchie. Dennoch geht es um etwas, das sehr stark in Richtung einer unserem Verständnis nach sozialen Bewegung tendiert; nur dass dort, wo Flugblätter, Kundgebungen und Manifeste fehlen, die Medien andere waren, mit deren Hilfe man neue Formen (wie wir sagen würden) gesellschaftlichen, wirtschaftlichen oder politischen Lebens schaffen und verlangen kann, um verschiedene Wertformen zu verwirklichen: Sie mussten, buchstäblich oder in übertragenem Sinne, mit der künstlerischen Formung des Körpers arbeiten, mit Musik und Ritual, Nahrung und Kleidung und Methoden, sich der Toten zu entledigen. Aber aus dem, was einst Projekte waren, wurden im Lauf der Zeit teilweise Identitäten, auch solche in Kontinuität mit der Natur. Sie verknöchern und verhärten zu selbstverständlichen Wahrheiten oder gemeinschaftlichem Besitz.

Um genau zu verstehen, wie dies geschieht, könnte man zweifellos eine ganze wissenschaftliche Disziplin erfinden: Es handelt sich um einen Prozess, der nur in mancher Hinsicht analog zu Webers »Veralltäglichung des Charisma« verläuft, der voller Strategien ist, Kehrtwenden, Umleitungen von Energie ... Aus sozialen Feldern, die ihrem Wesen nach Arenen der Anerkennung bestimmter Wertformen sind, können Grenzgebiete werden, die verteidigt werden müssen; Repräsentationen und Medien der Werte werden selbst zu numinosen Mächten, schauervoll und anziehend zugleich; Schöpfung schleicht sich ins Gedenken ein; die verknöcherten Überbleibsel von Befreiungsbewegungen können unter staatlichem Zugriff als – unsererseits so genannte – »Nationalismen« enden, die entweder mobilisiert werden, um Unterstützung für die staatliche Maschinerie zu gewinnen, oder zur Basis für neue, gegen sie gerichtete soziale Bewegungen werden.

Der entscheidene Punkt in dieser Angelegenheit ist, wie mir scheint, dass nicht nur soziale Projekte einer solchen Versteinerung anheimfallen. Das kann auch den Staaten selbst passieren. Es ist ein Phänomen, das von Theoretiker*innen sozialer Kämpfe kaum je voll gewürdigt worden ist.

> Als die französische Kolonialverwaltung sich auf Madagaskar einrichtete, begann sie prompt damit, die Bevölkerung in eine Reihe von »Stämmen« zu unterteilen: Merina, Betsileo, Bara, Sakalava, Vezo, Tsimihety usw. Da es nur wenige klare sprachliche Unterschiede gibt, lassen sich hier leichter als in den meisten anderen Gegenden einige der Prinzipien erkennen, denen sich diese Unterteilungen verdanken. Manche sind politisch. Die Sakalava sind berühmte Untertanen der Maroantsetra-Dynastie (die mindestens drei Königtümer an der Westküste begründete). Die Tsimihety sind jene, die ihnen die Loyalität verweigerten. Die als »Merina« bezeichneten sind jene Hoch-

landbewohner*innen, die ursprünglich ihre Ergebenheit einem König namens Andrianampoinimerina gegenüber einte; die Untertan*innen anderer Hochlandkönigtümer weiter südlich, die von den Merina fast unmittelbar danach erobert wurden, werden zusammenfassend Betsileo genannt. Einige Namen haben damit zu tun, wo die Menschen leben oder wie sie ihren Lebensunterhalt bestreiten: die Tanala sind »Waldmenschen« an der Ostküste; an der Westküste sind die Mikea Jäger und Sammler und die Vezo eine Gruppe, die vom Fischfang lebt. Aber auch hier gibt es gewöhnlich politische Elemente: Die Vezo lebten zeitgleich zu den Sakalava-Dynastien, haben es aber wie die Tsimihety geschafft, unabhängig von der Monarchie zu bleiben, weil sie der Legende nach jedes Mal, wenn sie erfuhren, dass königliche Abgesandte auf dem Weg zu ihnen waren, um ihnen einen Besuch abzustatten, allesamt in ihre Boote stiegen und draußen auf dem Meer abwarteten, bis sie wieder abzogen. Jene Fischerdörfer, die sich hingegen unterwarfen, wurden zu Sakalava, nicht zu Vezo.

Die Merina, Sakalava und Betsileo sind zahlenmäßig jedoch bei weitem die Stärksten. Die meisten Madegass*innen sind so gesehen nicht anhand ihrer direkten politischen Loyalitäten bestimmt, sondern aufgrund der Loyalitäten, die ihre Vorfahr*innen irgendwann um 1775 oder 1800 gezeigt hatten. Interessant ist nun, was mit diesen Identitäten geschah, sobald es keine Könige mehr gab. Hier scheinen die Merina und Betsileo zwei entgegengesetzte Möglichkeiten zu vertreten.

Viele dieser alten Königtümer waren wenig mehr als institutionalisierte Erpressungssysteme; soweit die einfachen Leute tatsächlich an der königlichen Politik teilhatten, geschah es durch rituelle Arbeit: den Bau königlicher Paläste und Grabmäler zum Beispiel, wobei jedem Clan gewöhnlich eine ganz spezifische ehrenhafte Rolle zukam. Im Merina-Reich wurde dieses System am Schluss so gründlich missbraucht, dass es zu dem Zeitpunkt, als die Franzosen ankamen, fast völlig in Verruf geraten war und die königliche Herrschaft, wie von mir erwähnt, mit Sklaverei und Zwangsarbeit gleichgesetzt wurde; mit dem Ergebnis, dass die »Merina« heute hauptsächlich auf dem Papier existieren. Auf dem Land begegnet man niemandem, der oder die sich selbst so bezeichnet, außer vielleicht in den Aufsätzen, die in der Schule geschrieben werden müssen. Mit den Sakalava ist das eine ganz andere Geschichte. Sakalava zu sein bedeutet an der Westküste, noch immer eine in hohem Maße lebendige Identität zu haben, und es bezeichnet nach wie vor die Anhänger*innen der Maroantsetra-Dynastie. Aber während der letzten hundertundfünfzig Jahre in etwa galten die Loyalitäten der meisten Sakalava in erster Linie den toten Angehörigen dieser Dynastie. Während die lebende königliche Familie weitgehend ignoriert wird, werden die Gräber der alten Könige in enormen Gemeinschaftsprojekten bis heute ständig erneuert und restauriert und das ist es, worum es offensichtlich zum größten Teil geht, wenn man Sakalava ist. Und tote Könige geben ihre Wünsche auch weiterhin bekannt – durch Geistmedien. Gewöhnlich sind das ältere Frauen von nichtadeliger Herkunft.

Ebenso hat es in vielen anderen Teilen Madagaskars häufig den Anschein, dass niemandem volle Autorität zukommt, bevor die oder der Betreffende nicht tot ist. Weswegen der Fall der Sakalava vielleicht gar nicht so außergewöhnlich ist. Aber er zeigt eine sehr verbreitete Methode, die direkten Auswirkungen von Macht zu vermeiden: Wenn man ihr nicht einfach aus dem Weg gehen kann wie die Vezo oder Tsimihety, kann man sozusagen versuchen, sie zu fossilisieren. Im Fall der Sakalava ist die Verknöcherung des Staates ganz wörtlich zu nehmen: Die Könige, die nach wie vor Verehrung genießen, nehmen die physische Form königlicher Reliquien an, sie sind buchstäblich Zähne und Knochen. Aber dieses Vorgehen ist wahrscheinlich weitaus üblicher, als wir anzunehmen geneigt wären.

Beispielsweise hat Kajsa Ekholm Friedman jüngst den faszinierenden Hinweis gegeben, dass die Art sakralen Königtums, von der Sir James Frazer in *Der goldene Zweig* schrieb, das Könige durch endlose Rituale und Tabus (nicht die Erde berühren oder die Sonne sehen zu dürfen ...) einschränkte, nicht, wie wir normalerweise annehmen, eine archaische Form des Königtums war, sondern in den meisten Fällen eine sehr späte. Sie bringt das Beispiel der Kongo-Monarchie, die, als die Portugiesen Ende des 15. Jahrhunderts erstmals auf dem Schauplatz erschienen, anscheinend nicht sonderlich stärker ritualisiert war als zur gleichen Zeit die Monarchie in Portugal oder Spanien. Es gab einen gewissen Aufwand, was das Hofzeremoniell angeht, aber nichts, was das Regieren behindert hätte. Erst später, als das Königreich in einem Bürgerkrieg versank und in immer winzigere Teilreiche zerbrach, wurden aus den Herrschern in zunehmendem Maße sakrale Wesen. Ausgeklügelte Rituale wurden geschaffen, die Restriktionen vervielfacht, bis wir schließlich von »Königen« lesen, die in kleinen Hausern eingesperrt waren oder bei der Thronbesteigung buchstäblich kastriert wurden. Mit dem Ergebnis, dass sie sehr wenig regierten; die meisten BaKongo waren in der Tat zu einem weitgehenden Selbstverwaltungssystem übergegangen, wenngleich es dabei sehr heftig zuging, da sie von den qualvollen Auswirkungen des Sklavenhandels erfasst wurden.

Ist irgendetwas davon heute noch von Belang? Sehr viel, wie mir scheint. Postoperaistische Denker*innen in Italien haben in den letzten paar Jahrzehnten eine Theorie des, wie sie es nennen, revolutionären »Exodus« entwickelt. Anregung gaben die zum Teil spezifisch italienischen Verhältnisse – die breite Ablehnung der Fabrikarbeit durch junge Menschen, das Aufblühen der Bewegung von Hausbesetzungen und besetzten »Sozialen Zentren« in so vielen italienischen Städten ... Aber in all dem scheint Italien als eine Art Laboratorium für künftige soziale Bewegungen fungiert und Trends vorweggenommen zu haben, die jetzt auf globaler Ebene langsam sichtbar werden.

Die Theorie des Exodus schlägt vor, dass der effektivste Weg, dem Kapitalismus und dem liberalen Staat entgegenzutreten, nicht in der direkten Konfrontation besteht, sondern in der Praktizierung dessen, was Paolo Virno »engagierten Rückzug« genannt hat, massenhaften Ausstieg aufseiten derjenigen, die zu neuen Formen von Gemeinschaft finden möchten. Man muss nur einen flüchtigen Blick in die Geschichte werfen, um bestätigt zu finden, dass Widerstand auf breiter Basis meistens dann erfolgreich war, wenn er genau diese Form angenommen hat. Wobei es nicht darum ging, die Macht frontal herauszufordern (das führt gewöhnlich dazu, abgeschlachtet zu werden oder sich in eine häufig sogar noch hässlichere Variante dessen zu verwandeln, wogegen man sich zunächst gewandt hatte), sondern sich der einen oder anderen strategischen Vorgehensweise zu bedienen, um sich ihrem Zugriff zu entziehen, durch Flucht, Desertion, die Gründung neuer Gemeinschaften. Ein postoperaistischer Historiker, Yann Moulier Boutang, hat sogar die These aufgestellt, dass die Geschichte des Kapitalismus eine Reihe von Versuchen darstelle, das Problem der Mobilität bzw. Migration von Arbeiter*innen zu lösen – daher die endlose institutionelle Praxis von Dienstverpflichtung, Sklaverei, Kulisystemen, Vertragsarbeitern, Gastarbeitern, unzähligen Formen der Grenzkontrolle –, da das ganze System zusammenbräche, sollte es jemals wirklich in die Nähe seiner eigenen fantastischen Vorstellung von sich selbst rücken, mit Arbeiter*innen, die frei wären, sich Arbeit zu suchen und damit aufzuhören, wo und wann immer sie möchten. Genau aus diesem Grund ist die eine beständige Forderung, die von den radikalen Elementen der Globalisierungsbewegung – von den italienischen Postoperaist*innen bis zu den nordamerikanischen Anarchist*innen – gestellt wird, die Forderung nach globaler Bewegungsfreiheit, nach »wirklicher Globalisierung«, geblieben: Beseitigung von Grenzen, allseitiges Einreißen von Mauern.

Die Form des Einreißens begrifflicher Mauern, die ich hier vorschlage, macht es uns nicht nur möglich, die Wichtigkeit des Sich-Entziehens zu bekräftigen, sie verspricht eine unendlich ergiebigere Vorstellung davon, wie alternatives Handeln funktionieren könnte. Dies ist eine Geschichte, die zu einem Großteil erst noch geschrieben werden muss, aber ein leichtes Schimmern ist schon zu sehen. Peter Lamborn Wilson hat in einer Reihe glänzender Essays, die unter anderem seine Überlegungen über den Untergang der Hopewell- und Mississippikulturen in weiten Teilen des östlichen Nordamerika enthalten, dazu beigetragen. Dies waren Gesellschaften, die offensichtlich von priesterlichen Eliten, Sozialstrukturen auf der Grundlage eines Kastensystems und Menschenopfern beherrscht wurden – und die auf geheimnisvolle Weise verschwanden. An ihre Stelle traten weitaus egalitärere Jäger-Sammler- oder Gartenbau treibende Gesellschaften. Er äußert die interessante Vermutung, dass die berühmte Identifikation der Native Americans mit der Natur vielleicht doch keine Reaktion auf europäische Werte gewesen sei, sondern eine Reaktion auf eine dialektische Möglichkeit ihrer eigenen Gesellschaften, vor der sie ziemlich bewusst davongelaufen waren. Die Geschichte lässt sich fortsetzen mit den abtrünnigen Siedlern von Jamestown, einer ganzen Reihe von Bediensteten, die in der ersten nordamerikanischen Kolonie in Virginia von ihren Gentlemanherrschaften zurückgelassen wurde und daraufhin offensichtlich zu ›Indianern‹[7] wurden, bis hin zu einer endlosen Reihe von »Seeräuber-Utopias«, wenn britische Renegat*innen sich mit muslimischen Korsar*innen zusammentaten oder sich indigenen Gemeinschaften – von Hispaniola (Haiti) bis Madagaskar – anschlossen, versteckten multiethnischen [»triracial«] Republiken, die von entlaufenen Verklavten am Rande europäischer Siedlungsgebiete gegründet wurden, Antinomist*innen sowie anderen wenig bekannten libertären Enklaven, die den Kontinent noch

7 Das »Indian« aus Graebers Original bleibt im Folgenden unübersetzt stehen, wo er es benutzt. Einerseits wird damit eine Perspektive der Fremdbezeichnung gekennzeichnet, andererseits wird es auch als Begriff für den Übertritt in die indigenen Gesellschaften benutzt. (A.d.V.)

vor den Shaker*innen und Fourierist*innen und all den besser bekannten »intentionalen Gemeinschaften« des 19. Jahrhunderts durchsetzten.

Die meisten dieser kleinen Utopias waren sogar noch marginaler, als es die Vezo oder Tsimihety in Madagaskar waren; sie wurden letzten Endes allesamt geschluckt. Was zu der Frage führt, wie der Staatsapparat selbst ohne eine Politik der direkten Konfrontation neutralisiert werden kann. Zweifellos werden einige Staaten und Unternehmereliten unter der Last ihres Eigengewichts zusammenbrechen; ein paar wenige sind es bereits; aber ein Drehbuch, in dem das allen widerfährt, ist nur schwer vorstellbar. Hier könnten die Sakalava und BaKongo uns vielleicht mit einigen nützlichen Anregungen dienlich sein. Was nicht zerstört werden kann, kann nichtsdestotrotz umgeleitet, eingefroren, umgewandelt und allmählich seines Wesentlichen beraubt werden – im Falle von Staaten ist das ihre Fähigkeit einzuschüchtern. Was bedeutet dies unter den gegenwärtigen Bedingungen? Es ist nicht ganz klar. Vielleicht bleibt von den bestehenden Staatsapparaten mit der Zeit nur noch die Show, während sie von oben wie von unten substanzielle Verluste einstecken müssen: d.h., sowohl durch das Wachstum internationaler Institutionen als auch durch eine Dezentralisierung, die zu lokalen und regionalen Formen der Selbstverwaltung führt. Vielleicht wird Regierung, die sich aktuell als Medienspektakel präsentiert, in ein einfaches Spektakel übergehen (etwa in der Art, wie es Paul Lafargue, Marxens in der Karibik geborener Schwiegersohn und Autor des *Rechts auf Faulheit* andeutete, als er darauf hinwies, dass Politiker*innen nach der Revolution durchaus noch eine nützliche soziale Funktion erfüllen könnten – in der Unterhaltungsindustrie). Wahrscheinlicher jedoch wird es auf eine Weise geschehen, die wir uns noch nicht vorstellen können. Aber es besteht kein Zweifel, dass das auf gewisse Weise schon begonnen hat. Während die neoliberalen Staaten sich auf neue Formen des Feudalismus zubewegen und ihre Geschütze in zunehmendem Maße an den Grenzzäunen ihrer *gated communities* zusammenziehen, eröffnen sich aufständische Räume, von denen wir noch nicht einmal etwas wissen. Die im letzten Abschnitt beschriebenen Reisbäuer*innen der Merina begreifen, was viele Möchtegernrevolutionär*innen nicht kapieren: Es gibt Zeiten, da ist das Dümmste, was man tun kann, das Schwingen einer roten oder schwarzen Fahne und die Veröffentlichung aufmüpfiger Erklärungen. Manchmal ist es vernünftig, einfach so zu tun, als habe sich nichts geändert, den offiziellen Repräsentant*innen des Staates zu erlauben, ihre Würde zu bewahren, sogar hin und wieder in ihren Büros aufzukreuzen und ein Formular auszufüllen, aber sie ansonsten zu ignorieren.

# Grundsätze einer nichtexistierenden Wissenschaft

Lassen Sie mich einige der theoretischen Bereiche skizzieren, deren Sondierung sich eine anarchistische Anthropologie vermutlich gerne annehmen würde:

**1) EINE THEORIE DES STAATES**

Staaten haben einen besonderen dualen Charakter. Sie sind zur gleichen Zeit Formen institutionalisierter Räuberei und Erpressung sowie utopische Projekte. In Ersterem spiegelt sich gewiss die Art und Weise wider, wie Staaten tatsächlich erlebt werden von all den Gemeinschaften, die sich ein Maß an Autonomie bewahren; der zweiten Form hingegen entspricht, wie sie in schriftlichen Dokumenten zu erscheinen pflegen.

In gewisser Hinsicht sind Staaten die »imaginäre Totalität« par excellence, und viel von der Verwirrung, die Staatstheorien mit sich bringen, entspringt historisch gesehen der Unfähigkeit oder Unwilligkeit, dies zu erkennen. Größtenteils waren Staaten Ideen, Möglichkeiten, sich die Sozialordnung als etwas vorzustellen, was man in den Griff bekommen konnte, Kontrollmodelle. Aus diesem Grund wurden die ersten bekannten gesellschaftstheoretischen Werke, ob nun aus Persien, China oder dem antiken Griechenland, stets als Theorien der Staatskunst formuliert. Das hatte zwei katastrophale Auswirkungen. Die eine verlieh dem Utopismus einen schlechten Ruf. (Das Wort »Utopia« ruft normalerweise zuerst das Bild einer idealen Stadt mit perfekter Geometrie in Erinnerung – das Bild scheint ursprünglich auf das königliche Heereslager zurückzugehen: ein geometrischer Raum, der zur Gänze die Emanation eines einzigen individuellen Willens ist, eine Fantasie totaler Kontrolle.) All das hatte, gelinde gesagt, fürchterliche politische Folgen. Ein zweiter Aspekt besteht darin, dass wir anzunehmen geneigt sind, dass Staaten und Sozialordnungen, ja ganze Gesellschaften, einander weitgehend entsprechen. Wir tendieren mit anderen Worten dazu, die grandiosesten, ja selbst paranoiden Behauptungen der Weltbeherrscher ernst zu nehmen, in der Annahme, dass die kosmologischen Projekte, die sie zu verfolgen behaupten, welcher Art sie auch sein mochten, wenigstens annähernd mit etwas Irdischem korrespondieren müssten. Doch hatten wahrscheinlich in vielen solchen Fällen diese Ansprüche gewöhnlich nur in einem Umkreis von wenigen Metern in jeder Richtung um den Monarchen volle Geltung und die meisten Untertan*innen nahmen die herrschenden Eliten im alltäglichen Leben mit viel größerer Wahrscheinlichkeit als etwas wahr, das starke Ähnlichkeit mit rücksichtslosen Räubern besaß.

Eine adäquate Staatentheorie müsste demnach in jedem einzelnen Fall damit beginnen, zwischen dem entsprechenden Herrschaftsideal (das nahezu alles sein kann: das Bedürfnis, militärische Disziplin durchzusetzen; die Fähigkeit, für die perfekte theatralische, andere inspirierende Darbietung eines gehobenen Lebensstils zu sorgen; die Notwendigkeit, die Götter mit einer nicht enden wollenden Zahl von Menschenherzen zu versorgen, um die Apokalypse abzuwehren ...) und den Mechanismen des Regierens zu unterscheiden, ohne anzunehmen, dass zwischen ihnen zwangsläufig allzu große Übereinstimmung besteht. (Dies könnte der Fall sein, müsste aber empirisch nachgewiesen werden.) Zum Beispiel: Viel von der Mythologie des »Westens« geht auf Herodots Beschreibung eines epochalen Zusammenpralls zwischen dem persischen Großreich, das auf einem Ideal von Gehorsam und absoluter Macht beruhte, und den griechischen Städten Athen und Sparta zurück, die sich auf die Ideale von bürgerlicher Autonomie, Freiheit und Gleichheit beriefen. Es ist nicht so, dass diese Ideen – besonders ihre lebendige Wiedergabe durch Dichter wie Aischylos oder Historiker wie Herodot – unwichtig wären. Die westliche Geschichte wäre ohne sie unmöglich zu verstehen. Aber ihre besondere Bedeutung und Intensität hat die Historiker*innen lange Zeit dem gegenüber blind gemacht, was nun in zunehmendem Maße eindeutige Realität wird: dass das Achämeniden-Reich, welche Ideale es auch gehabt haben mag, eine ziemlich leichte Berührung darstellte, was die alltägliche Kontrolle seiner Untertan*innen anging, besonders, wenn im Vergleich zu dem Maß an Kontrolle, das die Athener über ihre Sklav*innen ausübten oder die Spartaner über die überwältigende Mehrheit der lakonischen Bevölkerung, die Heloten. Wie die Ideale auch aussahen, die Wirklichkeit war für die Mehrheit der betroffenen Menschen rundum anders.

Es war eine der bemerkenswertesten Entdeckungen der evolutionären Anthropologie, dass sehr wohl Könige und Adelige und das ganze äußere Drumherum einer Monarchie bestehen können, ohne überhaupt im technischen Sinn von einem Staat reden zu müssen. Man sollte meinen, dass das vielleicht für all jene politischen Philosoph*innen irgendwie von Interesse wäre, die jede Menge Tinte damit verkleckern, sich über Theorien der »Souveränität« auszulassen – verweist es doch darauf, dass die meisten Herrscher keine Staatsoberhäupter waren und dass dieser Lieblingsbegriff der Philosoph*innen tatsächlich auf einem fast unmöglichen Ideal beruht, wonach es der königlichen Macht tatsächlich gelingt, ihre kosmologischen Ambitionen auf die reale bürokratische Kontrolle über eine gegebene territoriale Bevölkerung zu übertragen. (Etwas Ähnliches begann sich im 16. und 17. Jahrhundert in Westeuropa zuzutragen, doch kaum geschehen, wurde die persönliche Macht des

Souveräns durch eine fiktive Person ersetzt, die man »das Volk« nannte, was der Bürokratie eine nahezu vollständige Machtübernahme erlaubte.) Aber, soweit ich weiß, hatten politische Philosoph*innen bis jetzt zu dem Thema nichts zu sagen. Ich hege den Verdacht, dass das auf eine äußerst armselige Begriffswahl zurückzuführen ist. Evolutionäre Anthropologen sprechen, wenn es um Königtümer geht, denen es an voll ausgebildeten Zwangsbürokratien mangelt, von »chiefdoms« [»Häuptlingstümern«], ein Begriff, der eine*n eher an Geronimo oder Sitting Bull denken lässt als an König Salomo, Ludwig den Frommen oder Huáng Dì, den Gelben Kaiser. Und natürlich sorgt allein schon der evolutionistische Rahmen dafür, dass man in solchen Strukturen etwas sieht, das der Entstehung des Staats unmittelbar vorangeht, und nicht etwa eine alternative Form oder gar etwas, das aus einem Staat noch werden könnte. All dies zu klären, wäre ein größeres historisches Vorhaben.

## 2) EINE THEORIE POLITISCHER EINHEITEN, DIE KEINE STAATEN SIND

Das ist also das eine Projekt: den Staat neu zu analysieren, als Verhältnis zwischen einem utopischen Imaginären und einer chaotischen Realität, zu der Flucht- und Ausweichstrategien, räuberische Eliten, Regulierungs- und Kontrollmechanismen gehören.

Dies alles unterstreicht die dringliche Notwendigkeit eines anderen Projekts, eines, das die Frage stellt: Wenn schon viele politische Einheiten, die wir gewohnt sind, als Staaten zu sehen, zumindest in einem Weber'schen Sinne, gar keine sind, was sind sie dann? Und was sagt das über politische Möglichkeiten aus?

Irgendwie ist es erstaunlich, dass eine solche theoretische Literatur nicht schon besteht. Meines Erachtens ist das nur ein anderes Zeichen dafür, wie schwer es uns fällt, außerhalb eines »staatlichen Rahmens« zu denken. Ein ausgezeichnetes diesbezügliches Beispiel: Eine der immer wieder erhobenen Forderungen von »Anti-Globalisierungs«-Aktivist*innen zielt auf die Aufhebung von Einreisebeschränkungen. Wir meinen: Wenn schon Globalisierung, dann sollten wir sie auch ernst nehmen. Beseitigt nationale Grenzen! Lasst die Leute kommen und gehen, wie sie wollen, und leben, wo es ihnen beliebt. Die Forderung wird oft so formuliert, dass das Konzept einer Erdenbürgerschaft mitschwingt. Aber das ermutigt zu augenblicklichen Einwänden: Bedeutet der Ruf nach »Erdenbürgerschaft« nicht den Ruf nach einem irgendwie globalen Staat? Würden wir das wirklich wollen? So wird aus der Frage eine andere: Wie stellen wir uns eine Bürgerschaft außerhalb des Staates vor? Oft wird dies als grundlegendes, vielleicht unüberwindbares Dilemma behandelt; aber wenn man die Sache historisch betrachtet, dann ist schwer verständlich, warum es so sein sollte. Moderne westliche Konzepte von Bürgerschaft und politischen Freiheiten berufen sich üblicherweise auf zwei Traditionen: die eine hat ihren Ursprung im antiken Athen, die andere stammt überwiegend aus dem mittelalterlichen England (wo man sie auf die Geltendmachung aristokratischer Privilegien gegenüber der Krone in der Magna Charta, der Petition of Right etc. und später die allmähliche Ausweitung dieser Rechte auf die übrige Bevölkerung zurückzuführen neigt). Genau genommen gibt es keinen Konsens unter Historiker*innen, ob das klassische Athen oder das mittelalterliche England überhaupt Staaten waren – übrigens aus genau dem Grund, dass die Bürgerrechte im ersten Fall und die aristokratischen Privilegien im zweiten Fall so fest etabliert waren. Es fällt schwer, sich Athen als Staat vorzustellen, mit einem Machtmonopol in Händen des Staates, wenn man bedenkt, dass der minimale Regierungsapparat, den es gab, zur Gänze aus Sklaven bestand, die kollektiver Besitz der Bürgerschaft waren. Athens Polizeikräfte bestanden aus skythischen Bogenschützen, die aus dem heutigen Russland oder der heutigen Ukraine importiert wurden, und was ihre rechtliche Stellung angeht, so wird einiges daraus ersichtlich, dass nach athenischem Gesetz Zeugnisse von Sklav*innen vor Gericht als Beweis unzulässig waren, es sei denn, es wurde unter Folter erlangt.

Wie also nennen wir solche politischen Einheiten? »Chiefdoms«? Es ist vielleicht vorstellbar, König Johann Ohneland in einem technischen, evolutionären Sinn als »chief« zu beschreiben, aber die Bezeichnung auf Perikles anzuwenden, erscheint absurd. Ebenso wenig können wir Athen weiterhin einen »Stadtstaat« nennen, wenn es überhaupt kein Staat war. Es scheint, als hätten wir einfach nicht die intellektuellen Werkzeuge, um über solche Dinge zu reden. Das Gleiche gilt für die Typologie der Staatsformen oder staatenähnlicher Einheiten in neuerer Zeit: Ein Historiker namens Spruyt hat darauf hingewiesen, dass im 16. und 17. Jahrhundert der territoriale Nationalstaat nicht die einzige Option war; es gab andere Möglichkeiten (italienische Stadtstaaten, die tatsächlich Staaten waren; die Hanse, eine Liga konföderierter Handelszentren, die eine völlig andere Vorstellung von Souveränität mit sich brachte), die sich, wie der Zufall es wollte, nicht durchsetzten – wenigstens nicht sofort –, aber an und für sich nicht weniger machbar waren. Ich habe selbst die Vermutung geäußert, dass ein Grund, warum der territoriale Nationalstaat letzten Endes den Sieg davontrug, der war, dass in diesem frühen Stadium der Globalisierung die westlichen Eliten versuchten, das chinesische Modell nachzuahmen. Damals war China der einzige Staat, der tatsächlich dem Ideal dieser Eliten von einer einheitlichen Bevölkerung entsprach, welche nach konfuzianischem Verständnis die Quelle der Souveränität war, Schöpfer einer landessprachlichen Literatur, einem einheitlichen Gesetzeswerk unterworfen, verwaltet von Bürokraten, die nach Verdiensten ausgesucht wurden und in jener Landessprache ausgebildet waren … Mit der gegenwärtigen Krise des

Nationalstaats und dem schnellen Anwachsen internationaler Institutionen, die nicht eigentlich Staaten sind, aber in vielen Fällen genauso unangenehm, und die sich gegen Versuche stellen, internationale Institutionen zu schaffen, die viele der Dinge tun, die auch Staaten erledigen, aber erheblich angenehmer wären, wird das Fehlen solcher theoretischer Grundlagen zum ernsthaften Problem.

### 3) NOCH EINE THEORIE DES KAPITALISMUS

Man ist es leid, darauf hinzuweisen, aber die unaufhörliche Tendenz, den Kapitalismus der Natur zuzuschlagen, indem man ihn auf eine Frage kommerzieller Berechnungen reduziert, was dann wiederum die Behauptung erlaubt, er sei so alt wie Sumer, schreit geradezu danach: Wir brauchen, und das ist das allermindeste, eine geeignete Theorie über die Geschichte der Lohnarbeit und ähnlicher Verhältnisse. Schließlich verschwenden die meisten Menschen heute einen Großteil ihrer wachen Stunden nicht mit Kaufen und Verkaufen, sondern damit, für Lohn zu arbeiten, und genau das macht sie elend. (Daher sagten die *Industrial Workers of the World* [IWW] nicht, dass sie »antikapitalistisch« wären, so sehr sie es auch waren; sie kamen direkt auf den Punkt und sagten, sie wären gegen das Lohnsystem.) Die ältesten historisch belegten Lohnarbeitsverträge, die uns vorliegen, scheinen tatsächlich Mietsklav*innen zu betreffen. Wie wär's mit einem Kapitalismusmodell, das hier ansetzt? Wo Anthropolog*innen wie Jonathan Friedman die Auffassung vertreten, dass die antike Sklaverei eigentlich nur eine ältere Form des Kapitalismus war, könnten wir uns genauso leicht – tatsächlich um einiges leichter – dafür aussprechen, dass der moderne Kapitalismus eigentlich nur eine jüngere Form der Sklaverei ist. Statt verkauft oder vermietet zu werden, vermieten wir uns selbst. Aber im Grunde ist es die gleiche Art von Arrangement.

## 4) MACHT/UNWISSENHEIT oder MACHT/DUMMHEIT

Akademiker*innen lieben Michel Foucaults Argumentation, die Wissen und Macht gleichsetzt und darauf beharrt, dass rohe Gewalt kein entscheidender Faktor mehr für die soziale Kontrolle ist. Sie mögen sie, weil sie ihnen schmeichelt: die perfekte Formel für Menschen, die sich selbst gern als politisch radikal verstehen, selbst wenn alles, was sie tun, darin besteht, Aufsätze zu schreiben, die wahrscheinlich von einigen Dutzend anderer Personen aus dem akademischen Umfeld gelesen werden. Natürlich, falls eine*r dieser Akademiker*innen einmal die Universitätsbibliothek aufsuchen sollte, um in einem Band von Foucault nachzulesen, und vergessen hätte, einen gültigen Ausweis mitzubringen, aber dessen ungeachtet an die Regale herantreten wollte, würde sie oder er bald merken, dass rohe Gewalt wirklich nicht so fern ist, wie sie sich das gerne vorstellen – ein Mann mit einem großen Stock, darin ausgebildet, exakt zu wissen, wie hart er zuschlagen darf, würde rasch erscheinen, um ihn oder sie hinauszuwerfen.

Tatsächlich durchdringt die Drohung des Mannes mit dem Stock unsere Welt in jedem Augenblick; die meisten von uns haben es aufgegeben, auch nur daran zu denken, die von ihm geschaffenen unzähligen Trennungslinien und Schranken zu überqueren, bloß damit wir uns seine Existenz nicht vergegenwärtigen müssen. Wenn Sie eine hungrige Frau nur einige Meter neben einem riesigen Stapel von Lebensmitteln stehen sehen – für die meisten von uns, die in Großstädten leben, ein alltägliches Ereignis –, hat es seinen Grund, warum Sie nicht einfach etwas davon nehmen und es ihr geben können. Ein Mann mit einem großen Stock wird kommen und ihnen höchstwahrscheinlich eins überziehen. Im Gegensatz dazu hat es Anarchist*innen immer gefreut, uns an ihn zu erinnern. Mitglieder der Hausbesetzergemeinschaft Christiania in Kopenhagen zum Beispiel haben ein weihnachtszeitliches Ritual, wobei sie sich als Weihnachtsmänner verkleiden, Spielzeug aus Kaufhäusern an sich nehmen und es an Kinder auf der Straße verteilen, was sie zum Teil nur machen, damit jede*r die Bilder von Bullen genießen kann, die den Weihnachtsmann niederknüppeln und weinenden Kindern das Spielzeug wieder entreißen.

Eine solche theoretische Gewichtung macht den Weg frei nicht für eine Theorie des Verhältnisses von Macht und Wissen, sondern von Macht und Unwissenheit bzw. Dummheit – weil Gewalt, insbesondere strukturelle Gewalt, wo alle Macht auf einer Seite ist, Unwissenheit erzeugt. Wenn du die Macht hast, Leuten, wann immer du willst, eins über den Schädel zu hauen, musst du dir keine allzu großen Gedanken darüber machen, was ihrer Meinung nach so vor sich geht – weshalb du dir diese Gedanken im Allgemeinen also auch nicht machst. Eine todsichere Methode, die soziale Ordnung zu vereinfachen und das unglaublich komplexe Spiel der Perspektiven, Leidenschaften, Einsichten, Begierden und des gegenseitigen Verstehens, aus denen das menschliche Leben tatsächlich gemacht ist, zu ignorieren, besteht demnach darin, dass man eine Regel aufstellt und damit droht, alle Regelbrecher*innen anzugreifen. Deshalb war Gewalt schon immer die bevorzugte Zuflucht der Dummköpfe: Sie ist die einzige Form der Dummheit, auf die es fast unmöglich ist, eine intelligente Antwort zu finden. Natürlich ist sie auch die Grundlage des Staates.

Im Gegensatz zur weitverbreiteten Ansicht produzieren Bürokratien keine Dummheit. Sie bestehen aus Formen, um Situationen zu handhaben, in denen die Dummheit bereits fest verwurzelt ist, weil sie in letzter Instanz auf auf willkürlicher Zwangsanwendung beruhen.

Dies sollte am Ende auf eine Theorie der Beziehungen zwischen Gewalt und Imagination hinauslaufen. Warum nur stellen sich die von ganz unten (die Opfer struktureller Gewalt) immer vor, wie es für die sein muss, die ganz oben sind (die Nutznießer der strukturellen Gewalt), während es fast nie vorkommt, dass die Leute an der Spitze sich fragen, wie es wohl wäre, ganz unten zu sein? Weil Menschen nun einmal die verständnisvollen Geschöpfe sind, die sie sind, entwickelt sich daraus tendenziell eine der Hauptstützen aller auf Ungleichheit beruhender Systeme – die Geknechteten machen sich tatsächlich Sorgen um ihre Unterdrücker, jedenfalls weit mehr als ihre Unterdrücker sich um sie –, aber dies scheint bereits selbst eine Folge struktureller Gewalt zu sein.

### 5) EINE ÖKOLOGIE FREIWILLIGER ZUSAMMENSCHLÜSSE

Welche Formen existieren? In welcher Umgebung gedeihen sie? Und woher stammt überhaupt der bizarre Begriff der »*corporation*«[8]?

### 6) EINE THEORIE POLITISCHEN GLÜCKS

Lieber so eine Theorie als eine darüber, warum so wenige Menschen heutzutage politisches Glück erfahren. Das wäre einfach.

### 7) HIERARCHIE

Eine Theorie darüber, wie hierarchische Strukturen aufgrund ihrer Logik zwangsläufig ihr eigenes Gegenbild oder ihre Negation hervorbringen. Bekanntlich tun sie's nämlich.

### 8) LEIDEN UND VERGNÜGEN. ÜBER DIE PRIVATISIERUNG DES BEGEHRENS

Es hat sich unter Anarchist*innen, Autonomists, Situationist*innen und anderen neuen Revolutionär*innen allgemein herumgesprochen, dass der Revolutionär alten Schlags, grimmig, entschlossen, opferbereit, der die Welt

8 Dt.: Kapitalgesellschaft (A.d.V.)

nur unter dem Aspekt des Leidens betrachtet, letztlich selbst nur weiteres Leiden produziert. So ist es in der Vergangenheit sicherlich relativ häufig passiert. Daher die Betonung auf Vergnügungen, Karneval, auf der Schaffung »Temporärer Autonomer Zonen«, wo man leben kann, als wäre man bereits frei. Das Ideal des »Festivals des Widerstands« mit seiner verrückten Musik und den Riesenpuppen ist, durchaus bewusst, die Rückkehr in eine spätmittelalterliche Welt enormer Riesen- und Drachengestalten aus Flechtwerk, von Maibäumen und Moriskentänzen; gerade jene Welt, die von den puritanischen Pionieren »kapitalistischen Geistes« so gehasst wurde, bis es ihnen schließlich gelang, sie zu zerstören. Die Geschichte des Kapitalismus bewegt sich von Angriffen auf das gemeinschaftliche festliche Essen und Trinken hin zur Verbreitung von durch und durch persönlichen, privaten, ja sogar heimlichen Konsumformen (schließlich mussten sie, sobald sie erst einmal all diese Menschen dazu gebracht hatten, ihre ganze Zeit der Produktion von irgendwelchem Zeug zu widmen, anstatt zu feiern und Spaß zu haben, eine Möglichkeit finden, das alles zu verkaufen); ein Prozess der Privatisierung des Begehrens. Stellt sich die Frage, wie sich all dies in Einklang bringen lässt mit den verstörenden theoretischen Einsichten von Leuten wie Slavoj Žižek: Um ethnischen Hass zu schüren, meint er, sei es das Einfachste, sich auf bizarre, perverse Spielarten des Vergnügens zu konzentrieren, die man der anderen Gruppe unterstellt. Um das Zusammengehörigkeitsgefühl zu betonen, ist der einfachste Weg, darauf hinzuweisen, dass die Menschen auch Schmerz fühlen.

## 9) EINE ODER MEHRERE THEORIEN DER ENTFREMDUNG

Das ist der Hauptgewinn: Welche möglichen Ausmaße hat eine nicht entfremdete Erfahrung? Wie könnten ihre Modalitäten katalogisiert oder in Betracht gezogen werden?

Jede anarchistische Anthropologie, die etwas taugt, müsste dieser Frage besondere Aufmerksamkeit schenken, weil sich gerade deshalb all die Punks, Hippies und Aktivist*innen aller Couleur mit Fragen an die Anthropologie wenden. Die Anthropolog*innen schrecken so sehr vor der Beschuldigung zurück, die von ihnen studierten Gesellschaften zu romantisieren, dass sie noch die Andeutung einer Antwort verweigern. So lassen sie diesen Ratsuchenden keinen Ausweg, als den wirklichen Romantisierern in die Hände zu fallen, Primitivist*innen wie John Zerzan, die bei dem Versuch, zu entfernen, was uns von der reinen, unvermittelten Erfahrung zu trennen scheint, schließlich absolut alles wegschneiden. Zerzans immer populärer werdende Bücher kommen an einen Punkt, wo er die bloße Existenz von Sprache, Mathematik, Zeitmessung, Musik und allem, was Kunst und Repräsentation ist, verurteilt. Dies alles als Formen der Entfremdung abzutun, lässt uns mit einem unmöglichen evolutionären Ideal zurück: Das einzige wahrhaft nicht entfremdete Menschenwesen war noch nicht einmal völlig menschlich, sondern ähnelte eher einer Art von perfektem Menschenaffen, der mit seinen Gefährt*innen eine derzeit (noch) nicht vorstellbare Form telepathischer Kommunikation unterhielt und, eins mit der wilden Natur, vor vielleicht hunderttausend Jahren lebte. Die wahre Revolution könne nur bedeuten, auf irgendeine Weise dahin zurückzukehren. Wie es dazu kommt, dass die Liebhaber*innen von diesem Kram es trotzdem schaffen, effektive politische Aktivitäten an den Tag zu legen (und das meiner Meinung nach auch mit sehr beachtlichen Ergebnissen), ist für sich genommen eine faszinierende soziologische Fragestellung. Aber klar, eine alternative Analyse der Entfremdung wäre nützlicher.

Wir könnten den Anfang machen mit einer Art Soziologie von Mikro-Utopias, einem Gegenstück zur parallelen Typologie von Formen der Entfremdung, entfremdeter und nicht entfremdeter Handlungsweisen ... Sobald wir aufhören, uns darauf zu versteifen, alles Handeln nur hinsichtlich seiner Funktion für die Reproduktion größerer, totaler Formen ungleicher Machtverhältnisse zu betrachten, werden wir auch erkennen können, dass wir ringsum von anarchistischen Sozialverhältnissen und nicht entfremdeten Handlungsweisen umgeben sind. Und das ist entscheidend, denn es zeigt, dass der Anarchismus jetzt schon eine der Hauptgrundlagen menschlicher Interaktion ist – und schon immer gewesen ist. Wir organisieren uns andauernd selbst und leisten ständig gegenseitige Hilfe. Und das war schon immer so. Wir sind auch als Kunstschaffende voll bei der Sache, was, wie ich glaube, bei näherer Untersuchung zeigen würde, dass viele der am wenigsten entfremdeten Formen der Erfahrung gewöhnlich ein Element der sogenannten Fetischisierung (wie das Marxist*innen nennen würden) beinhalten. Es ist umso dringlicher, eine solche Theorie zu entwickeln, wenn man akzeptiert (wofür ich mich schon häufig ausgesprochen habe), dass revolutionäre Anhängerschaften stets eine stillschweigende Allianz zwischen den am wenigsten Entfremdeten und den am stärksten Unterdrückten mit sich bringen.

**F:** Wie viele Wähler*innen braucht es, um eine Glühbirne auszuwechseln?

**A:** Keine. Weil Wähler*innen rein gar nichts ändern können.

Es gibt natürlich kein fest umrissenes anarchistisches Programm – noch könnte es wirklich eines geben –, aber vielleicht erweist es sich als hilfreich, den Leser*innen abschließend eine gewisse Vorstellung von aktuellen Denkrichtungen und Organisationsformen zu geben.

## (1) Globalisierung und die Beseitigung der zwischen Norden und Süden bestehenden Ungleichheiten

Wie erwähnt wird die »Anti-Globalisierungsbewegung« in ihren Ideen zunehmend anarchistischer. Auf lange Sicht ist die anarchistische Position gegenüber der Globalisierung offenkundig: Das Ende der Nationalstaaten bedeutet die Beseitigung nationaler Grenzen. Das ist die wahre Globalisierung. Alles andere ist nur Schwindel. Für die Zwischenzeit gibt es alle möglichen konkreten Anregungen, wie die Situation schon jetzt verbessert werden kann, ohne auf dirigistische, protektionistische Ansätze zurückzugreifen. Ein Beispiel:

Einmal, während der Proteste vor dem Weltwirtschaftsforum, gaben Vergnügungungsreisende auf Staatskosten – Wirtschaftsbosse, PR-Leute von Unternehmen und Politiker*innen, die im Waldorf Astoria Kontakte knüpften und gemeinsam Cocktails tranken – vor, Möglichkeiten zu diskutieren, wie die Armut auf globaler Ebene lindern sei. Ich war zu einer Rundfunkdebatte mit einem ihrer Vertreter eingeladen. Es kam dann zufällig anders, und ein anderer Aktivist wurde mit der Sache betraut, aber ich war mit meinen Vorbereitungen so weit gediehen, dass ich ein Drei-Punkte-Programm fertig hatte. Es wären meiner Meinung nach ein paar gute Problemlösungen darunter gewesen:

- sofortiger internationaler Schuldenerlass (der Erlass persönlicher Schulden wäre womöglich auch kein schlechter Gedanke, aber das ist eine andere Geschichte)
- sofortige Aufhebung aller technologiebezogenen Patente und anderer Rechte an geistigem Eigentum, die älter als ein Jahr sind
- weltweite Beseitigung aller Beschränkungen der Reise- und Niederlassungsfreiheit

Der Rest würde sich mehr oder weniger von alleine regeln. Sobald es den durchschnittlichen Einwohner*innen von Tansania oder Laos nicht mehr verwehrt wäre, nach Minneapolis oder Rotterdam umzuziehen und sich dort niederzulassen, würden sich die Regierungen aller reichen und mächtigen Länder der Welt ganz gewiss einig: Nichts wäre plötzlich wichtiger, als einen sicheren Weg zu finden, der den Menschen in Tansania und Laos die Möglichkeit gäbe, lieber zu Hause bleiben. Glauben Sie wirklich, es würde ihnen nichts einfallen?

Der springende Punkt ist nämlich der, dass dem endlosen Gesülze über »komplexe, heikle, schwer zu handhabende Fragen und Probleme« zum Trotz (wodurch jahrzehntelange teure Forschungen seitens der Reichen und ihrer gutbezahlten Lakaien gerechtfertigt werden) das anarchistische Programm wahrscheinlich die meisten davon in fünf oder sechs Jahren gelöst hätte. Aber, werden Sie sagen, diese Forderungen sind doch völlig unrealistisch! Das ist leider wahr. Aber warum sind sie unrealistisch? Hauptsächlich deswegen, weil die reichen Typen, die sich im Waldorf treffen, nie für irgendetwas davon eintreten würden. Deshalb meinen wir, dass sie selbst das Problem sind.

# (2) Der Kampf gegen die Arbeit

Der Kampf gegen die Arbeit ist schon immer von zentraler Bedeutung für die anarchistische Organisierung gewesen. Damit meine ich nicht den Kampf für bessere Arbeitsbedingungen oder höhere Löhne, sondern den Kampf, um Arbeit als Machtverhältnis gänzlich abzuschaffen. Daher der Slogan der IWW: »Gegen das Lohnsystem«. Das ist natürlich ein Langzeitziel. In nicht so weiter Ferne gilt: Was nicht beseitigt werden kann, kann zumindest reduziert werden. Um 1900 spielten die Wobblies (d.h. IWW-Mitglieder) und andere Anarchist*innen die entscheidende Rolle bei der Erkämpfung der 5-Tage-Woche und des 8-Stunden-Tags.

In Westeuropa haben sozialdemokratische Regierungen erstmals nach fast einem Jahrhundert die Arbeitswoche gekürzt. Auch wenn es nur unbedeutende Veränderungen sind (von einer 40-Stunden- zu einer 35-Stunden-Woche) – in den USA wird das von niemandem auch nur zur Diskussion gestellt. Stattdessen diskutiert man, den 50%igen Zuschlag für Überstunden abzuschaffen. Und dies trotz der Tatsache, dass die Amerikaner*innen heute mehr Stunden mit Arbeit verbringen als jede andere Bevölkerung auf der Welt, Japan eingeschlossen. Nun, die Wobblies sind schon in den Zwanzigern mit dem nächsten vorgesehenen Schritt in ihrem Programm wiedergekommen: der 16-Stunden-Woche (»4-Tage-Woche, 4-Stunden-Tag«). Auch das scheint auf den ersten Blick völlig unrealistisch, ja sogar verrückt. Aber hat jemand mal eine Machbarkeitsstudie durchgeführt? Schließlich wurde schon wiederholt nachgewiesen, dass ein beträchtlicher Teil der Arbeitszeit in Amerika eigentlich nur notwendig ist, um Probleme zu kompensieren, die daher rühren, dass die Amerikaner*innen zu viel arbeiten. (Man braucht nur an Jobs denken wie Pizzabot*innen oder Hundewäscher*innen, die die Nacht durcharbeiten, oder jene Frauen, die nachtsüber Kindertagesstätten betreuen für die Kinder von Frauen, die nachts arbeiten müssen, weil sie die Kinder von Geschäftsfrauen hüten ... Um nicht von den endlosen Stunden zu reden, die Spezialist*innen damit verbringen, die emotionalen und körperlichen Schäden zu beseitigen, die durch Überarbeitung, Verletzungen, Selbstmorde, Scheidungen, mörderische Ausbrüche hervorgerufen wurden, oder die Beruhigungsmittel für die Kinder herzustellen ...)

Also, welche Jobs sind wirklich notwendig?

Nun, zunächst gibt es eine Menge Jobs, deren Verschwinden (und damit wäre fast jede*r einverstanden) einen Nettogewinn für die Menschheit darstellte. Hier kämen Vermarktung übers Telefon und Call Center, die Produktion von SUV-Großraumlimousinen oder, was das angeht, Rechtsabteilungen von Firmen in Betracht. Wir könnten auch die ganze Werbe- und PR-Industrie aus der Welt schaffen, alle Politiker*innen samt ihren Mitarbeiter*innen feuern, jeden zum Teufel schicken, der auch nur entfernt etwas mit einer HMO[9] zu tun hat, und kämen noch nicht einmal in die Nähe wesentlicher gesellschaftlicher Funktionen. Die Abschaffung der Werbebranche würde überdies die Herstellung, den Versand und Verkauf unnützer Produkte herabmindern, da die Leute die Dinge, die sie haben möchten oder brauchen, auch weiterhin zu finden wüssten. Die Beseitigung radikaler Ungleichheiten würde bedeuten, dass wir die Dienste von Millionen gegenwärtig als Türsteher*innen, private Sicherheitskräfte, Gefängniswärter*innen oder Sondereinsatzkommandos Beschäftigter nicht mehr brauchten – vom Militär ganz zu schweigen. Darüber hinaus müssten wir nachforschen. Finanziers, Versicherer und Investmentbanker*innen sind im Grunde genommen alle parasitisch, aber es mag in diesem Bereich einige nützliche Aufgaben geben, die nicht einfach durch Software zu ersetzen sind. Wenn wir diejenige Arbeit

9 Health Maintenance Organisation: preisgünstige Krankenversicherung mit begrenzter Ärzteauswahl, zumeist vom Arbeitgeber getragen. (A.d.Ü.)

identifizierten, die wirklich getan werden müsste, um einen komfortablen und ökologisch tragbaren Lebensstandard aufrechtzuerhalten, und die Stunden neu verteilten, würden wir vielleicht entdecken, dass alles in allem das Wobbly-Programm vollkommen realistisch ist. Vor allem, wenn wir bedenken, dass es nicht darum geht, jemandem nach vier Stunden Arbeit das Weiterarbeiten zu verbieten, der dies gar nicht will. Einer Menge Leute macht ihre Arbeit Spaß, und das gewiss mehr, als wenn sie den ganzen Tag mit Nichtstun verbringen müssten (deshalb nimmt man Gefängnisinsassen, die man bestrafen will, das Recht auf Arbeit), und wenn man die endlosen Demütigungen und sadomasochistischen Spielchen abschafft, die eine hierarchische Organisation unvermeidlich nach sich zieht, wären das wohl noch sehr viel mehr. Es könnte sich sogar herausstellen, dass niemand mehr Stunden arbeiten müsste, als sie oder er möchte.

**kleine Anmerkung**

Zugegeben, all das setzt die vollständige Reorganisation der Arbeit voraus, eine Art »Nach-der-Revolution«-Szenario, das, wie ich gezeigt habe, ein notwendiges Mittel ist, um überhaupt damit beginnen zu können, über menschliche Möglichkeiten nachzudenken, auch wenn die Revolution wahrscheinlich nie eine solch apokalyptische Form annehmen wird. Damit sind wir natürlich bei der Frage angekommen, »wer denn die Drecksarbeit erledigt« – einer Frage, die Anarchist*innen und anderen Utopist*innen immer gestellt wird. Pjotr Kropotkin hat schon vor langer Zeit auf die falsche Argumentation hingewiesen. Es gibt keinen besonderen Grund dafür, warum es Drecksarbeit geben muss. Würde man die unangenehmen Aufgaben gleichmäßig verteilen, so würde das bedeuten, dass auch die weltbesten Wissenschaftler und Ingenieure sie erledigen müssten; man könnte fast auf der Stelle mit der Erfindung sich selbst reinigender Küchen und Kohle abbauender Roboter rechnen.

Das alles ist jedoch ein wenig nebensächlich, denn was ich in diesem letzten Abschnitt wirklich tun möchte, ist, das Hauptaugenmerk auf

## (3) Demokratie

zu legen. Die Leser*innen haben somit Gelegenheit, festzustellen, was es mit einer anarchistischen oder anarchistisch inspirierten Organisierung tatsächlich auf sich hat –, und einige Umrisse der neuen Welt zu erhaschen, die im Gehäuse der alten errichtet wird. Und es ließe sich zeigen, was die historisch-ethnografische Perspektive, die ich hier zu entwickeln versucht habe, unsere nicht existierende Wissenschaft, womöglich dazu beitragen könnte.

Der erste Zyklus des neuen globalen Aufstands – was die Presse nach wie vor, auch wenn das in zunehmendem Maße lächerlich ist, beharrlich als »Anti-Globalisierungsbewegung« bezeichnet – begann mit den autonomen Gemeinden in Chiapas und spitzte sich zu mit den *asambleas barreales* von Buenos Aires und anderen Städten in ganz Argentinien. Es ist hier kaum der Ort, um die ganze Geschichte zu erzählen: Es begann damit, dass die Zapatistas den Gedanken der Machtergreifung zurückwiesen und stattdessen, vorbildhaft für das übrige Mexiko, versuchten, ein Modell demokratischer Selbstorganisation zu schaffen; dass sie ein internationales Netzwerk initiierten (*People's Global Action* oder PGA), das dann zu Aktionstagen gegen die WTO (in Seattle), den IWF (in Washington, Prag ...) aufrief, und so weiter; schließlich der wirtschaftliche Zusammenbruch Argentiniens und der überwältigende Aufstand der Bevölkerung, die sich auch hier der Idee widersetzte, es wäre eine Lösung, wenn man einen Haufen Politiker*innen durch einen anderen ersetzte. Der Wahlspruch der argentinischen Bewegung war von Beginn an *que se vayan tod@s* – sie sollen alle abhauen. Anstelle einer neuen Regierung schuf man ein ausgedehntes Netzwerk alternativer Institutionen; angefangen bei den Volksversammlungen zur Verwaltung der einzelnen städtischen Nachbarschaften (ausgeschlossen von der Teilnahme ist nur, wer im Dienst einer politischen Partei steht), Hunderten besetzter, in Selbstverwaltung weitergeführter Fabriken, einem komplexen »Tauschhandels-« und einem hypermodernen alternativen Währungssystem, um sie am Laufen zu halten – kurz und gut, endlosen Variationen zum Thema der direkten Demokratie.

All dies ereignete sich gänzlich außerhalb des Radars der Medienkonzerne, die auch nicht verstanden, worum es bei den großen Mobilisierungen ging. Die Durchführung dieser Aktionen war gedacht als lebendige Illustration einer wahrhaft demokratischen Welt, wie sie sein könnte, von den fröhlichen Puppen bis zur sorgfältigen Organisation autonomer Bezugsgruppen und Delegierten-Plenen, die alle ohne Führerstrukturen operierten, immer gemäß den Prinzipien einer auf Konsens beruhenden direkten Demokratie. Es war die Art Organisation, die von den meisten Leuten (wenn man ihnen den Vorschlag gemacht hätte) als Kifferfantasie abgeschrieben worden wäre; aber sie funktionierte, und so effektiv, dass die Polizeidienststellen einer Stadt nach der anderen völlig perplex waren und nicht wussten, wie sie damit umgehen sollten. Natürlich hatte dies auch etwas mit den noch nie dagewesenen Taktiken zu tun (Hunderte von Aktivist*innen in Feen-Kostümen, die Polizist*innen mit Staubwedeln kitzelten, oder jene, die mit so vielen aufblasbaren Schläuchen und Gummikissen gepolstert waren, dass sie wie das Michelin-Männchen über Barrikaden hinwegzurollen schienen, unfähig, andere zu verletzen, aber auch ziemlich unempfindlich gegen Polizeiknüppel ...), die traditionelle Kategorien von Gewalt und Gewaltlosigkeit komplett durcheinanderbrachten.

Als Protestierende in Seattle skandierten: »This is what democracy looks like« (so sieht Demokratie aus), wollten sie das wörtlich verstanden wissen. In der besten Tradition der direkten Aktion traten sie nicht nur einer bestimmten Form der Macht entgegen, deckten ihre Mechanismen auf und versuchten, ihr an Ort und Stelle buchstäblich Einhalt zu gebieten: Sie taten es auf eine Weise, die demonstrierte, warum die gesellschaftlichen Verhältnisse, auf denen die Macht beruht, unnötig sind. Deshalb gingen all diese herablassenden Bemerkungen, dass die Bewegung von einem Haufen dummer Kids ohne zusammenhängende Ideologie kontrolliert würde, völlig ins Leere. Die Vielfalt war eine Funktion der dezentralisierten Organisationsform und diese Organisation *war* die Ideologie der Bewegung.

Der Schlüsselbegriff der neuen Bewegung ist »Prozess«, womit »Entscheidungsfindungsprozess« gemeint ist. In Nordamerika geschieht dies fast ausnahmslos durch Konsensfindung. Das ist, wie ich erwähnt habe, ideologisch viel weniger beengend, als es vielleicht klingt, da jede positive Konsensfindung zur Voraussetzung hat, dass man gar nicht erst den Versuch machen sollte, andere zu seinem eigenen generellen Standpunkt zu bekehren; der Sinn des Konsensfindungsprozesses besteht darin, einer Gruppe die Möglichkeit zu geben, sich für ein gemeinsames Vorgehen zu entscheiden. Statt also Vorschläge ab- und niederzustimmen, werden Vorschläge aus- und durchgearbeitet, berichtigt und erneuert, bis man etwas in Händen hat, womit jede*r leben kann. Wenn man in der Endphase ist und tatsächlich »Übereinstimmung erreicht«, sind Einwände auf zwei Ebenen möglich: Man kann sich »heraushalten«, was so viel bedeutet wie: »Mir gefällt das nicht und ich werde mich nicht daran beteiligen, aber ich würde niemanden daran hindern, es zu tun«, oder man kann »blockieren«, was einem Veto gleichkommt. Blockieren kann man nur, wenn man der Ansicht ist, ein Vorschlag würde die grundlegenden Prinzipien oder Prämissen der Gruppe verletzen. Man könnte sagen, dass die Funktion, die in der US-Verfassung den Gerichten zukommt, Entscheidungen der Legislative, die gegen Verfassungsgrundsätze verstoßen, aufzuheben, hier auf jede*n übertragen wird, der oder die den Mut hat, tatsächlich gegen den gemeinsamen Willen der Gruppe aufzustehen (obgleich es natürlich auch Wege gibt, haltlose Blockierungen anzufechten).

Man könnte noch lange weiterberichten über die raffinierten und überraschend ausgeklügelten Methoden, die entwickelt worden sind, um zu garantieren, dass das alles auch funktioniert; über modifizierte Konsensformen, wie man sie für sehr große Gruppierungen braucht; über die Art und Weise, wie Konsensfindung das Prinzip der Dezentralisierung sogar noch verstärkt – denn es gewährleistet, dass eigentlich niemand wirklich Lust hat, Vorschläge vor sehr großen Gruppen zu machen, es sei denn, es muss sein; über Mittel und Wege, die Gleichheit der Geschlechter zu garantieren und Konflikte zu lösen ... Der springende Punkt ist, dass sich diese Form der direkten Demokratie sehr von derjenigen unterscheidet, die wir gewöhnlich mit dem Begriff verbinden – oder, was das angeht, die von europäischen oder nordamerikanischen Anarchist*innen früherer Generationen gepflegt wurde oder heute noch, sagen wir, in den *asambleas* argentinischer Städte üblich ist. In Nordamerika verdankt sich der Konsensfindungsprozess mehr als allem anderen der feministischen Bewegung, als Teil einer breiten Gegenreaktion auf den manchmal ziemlich unausstehlichen, selbstherrlichen, machohaften Führungsstil der Neuen Linken in den Sechzigern. Ein beachtlicher Teil des Verfahrens stammt ursprünglich von den Quäker*innen und verwandten Gruppen; die Quäker*innen ihrerseits behaupten, sie seien von Praktiken der Native Americans angeregt worden. Wie sehr Letzteres in historischer Hinsicht wirklich zutrifft, ist schwer zu sagen. Nichtsdestoweniger beinhalteten Entscheidungsfindungen bei den Native Americans eine Form von Konsens. Tatsächlich trifft das auch auf die meisten heutigen Volksversammlungen rund um die Welt zu, von den Tzeltal- oder Tzoltal- oder Tojolobal-sprachigen Gemeinschaften in Chiapas bis zu den madegassischen *fokon'olona*. Nachdem ich zwei Jahre in Madagaskar gelebt hatte, war ich verdutzt, als ich das erste Mal die Treffen des *Direct Action Network* in New York besuchte, so vertraut kam mir alles vor – der größte Unterschied war der, dass das Verfahren bei DAN so viel formalisierter und expliziter war. Es konnte gar nicht anders sein, da ein*e jede*r bei DAN damit beschäftigt war, herauszufinden, wie solcherart Entscheidungen zu treffen waren; es musste alles verdeutlicht werden. Wohingegen dies in Madagaskar für alle die tägliche Praxis war, seit sie zu sprechen gelernt hatten.

Wie Anthropolog*innen wissen, hat in der Tat so gut wie jede bekannte menschliche Gemeinschaft, die Gruppenentscheidungen treffen muss, das, was ich »Konsensfindungsprozess« nenne, in irgendeiner Weise praktiziert – jede, heißt das, die nicht in der einen oder anderen Form sich auf die Tradition des alten Griechenlands beruft. Eine formale Mehrheitsdemokratie in dem Sinne, wie sie in den Robert'schen »Verfahrensregeln« (*Robert's Rules of Order*)[10] vorgeführt wird, entsteht nur selten aus eigenem Antrieb. Seltsam ist, dass fast niemand, Anthropolog*innen eingeschlossen, sich jemals zu fragen scheint, warum das so ist.

### Eine Hypothese

Die Mehrheitsdemokratie war ursprünglich im Wesentlichen eine militärische Einrichtung.

Natürlich ist es das besondere Vorurteil westlicher Geschichtsschreibung, dass dies die einzige Form der Demokratie ist, die in ihren Augen überhaupt als »Demokratie« zählt. Gewöhnlich erzählt man uns, dass die Demokratie ihren Ursprung im antiken Athen nahm – wie Wissenschaft oder Philosophie ist sie eine griechische Erfindung. Es ist nie völlig klar geworden, was das eigentlich bedeuten soll. Sollen wir glauben, dass vor den Athenern es wirklich niemandem

10 1876 schrieb General Henry M. Robert das *Pocket Manual of Rules of Order*, um die im amerikanischen Kongress geltenden Verfahrensregeln einsichtig zu machen. Das Büchlein wurde zum Renner und gilt bis heute in den USA als praktisches Regelwerk für Clubs oder die Durchführung von Versammlungen aller Art. (A.d.Ü.)

irgendwo je in den Sinn gekommen ist, die Mitglieder der Gemeinschaft zum Zwecke gemeinsamer Entscheidungen zu versammeln, mit gleichem Mitspracherecht für alle? Das wäre lächerlich. Klarerweise hat es eine Fülle egalitärer Gesellschaften in der Geschichte gegeben – viele weitaus egalitärer als Athen, viele älter als 500 v.u.Z. – und offensichtlich müssen sie, wenn es um Dinge von kollektiver Bedeutung ging, irgendeine Verfahrensweise zur Entscheidungsfindung gekannt haben. Und dennoch wird immer irgendwie angenommen, dass diese Verfahren, wie sie auch immer gewesen sein mögen, streng genommen nicht »demokratisch« gewesen sein können.

Selbst Wissenschaftler*innen mit ansonsten makellosen radikalen Referenzen, Befürworter*innen einer direkten Demokratie, sind dafür bekannt, dass sie sich kurios verbogen haben, um diese Haltung zu rechtfertigen. Nichtwestliche egalitäre Gemeinschaften »beruhen auf Verwandtschaftssystemen«, argumentiert Murray Bookchin. (Und Griechenland nicht? Natürlich war die Agora von Athen selbst nicht »verwandtschaftlich organisiert«, aber das ist auch eine madegassische *fokon'olona* oder eine balinesische *seka* nicht. Was soll das also?) »Manche mögen von irokesischer oder berberischer Demokratie sprechen«, wandte Cornelius Castoriadis ein, »aber das ist eine missbräuchliche Verwendung des Begriffs. Das sind primitive Gesellschaften, die der Auffassung sind, dass ihnen ihre Sozialordnung von Göttern oder Geistern überantwortet wurde, dass sie nicht von der Bevölkerung selbst konstituiert ist wie in Athen.« (Wirklich? Faktisch war die »Liga der Irokesen«[11] eine Organisation auf Vertragsbasis, die als gemeinschaftliche, in histori-

11 »Irokesen« ist eine kolonalistische Fremdbezeichnung (hier im Zitat als Bezug auf Castoriadis). Zur Konföderation der Haudenosaunee, so die Selbstbezeichnung, gehörten erst die Mohawk, Oneida, Onondaga, Cayuga und Seneca (engl.: »Five Nations«). Später traten ihr die Tuscarora bei (dann: »Six Nations«). Um diesen Unterschied deutlich zu machen bleiben unten die englischen Fremdbezeichnungen stehen. (A.d.V.)

scher Zeit entstandene Vereinbarung und deshalb als immer wieder verhandlungsbedürftig galt.) Die Einwände ergeben nie Sinn. Aber sie müssen das auch nicht wirklich, da wir es hier sowieso nur mit Scheinargumenten zu tun haben – die man mit leichter Hand beiseite wischt.

Der wahre Grund für die Unwilligkeit der meisten Wissenschaftler*innen, einen Sulawezi oder Tallensi-Dorfrat als »demokratisch« anzuerkennen – nun ja, vom bloßen Rassismus abgesehen, dem Widerstreben, zuzugeben, dass jemand, den Westler*innen so relativ ungestraft niedermetzeln konnten, tatsächlich auf dem Niveau von Perikles gestanden haben könnte –, ist, dass diese Menschen nicht abstimmen. Zugegeben, das ist eine interessante Tatsache. Warum tun sie es nicht? Wenn wir den Gedanken akzeptieren, dass es sich weder beim Handheben noch bei dem Verfahren, die Unterstützer eines Vorschlags auf die eine und die Gegner auf die andere Seite des Platzes treten zu lassen, wirklich nicht um so unglaublich gewitzte Einfälle handelt, auf die nie jemand gekommen wäre, bevor nicht irgendein antikes »Genie« sie sich ausgedacht hat, warum werden sie dann so selten angewandt? Erneut scheinen wir ein Beispiel ausdrücklicher Ablehnung dieser Verfahren vor uns zu haben. Immer wieder haben egalitäre Gemeinschaften in der ganzen Welt, von Australien bis Sibirien, die eine oder andere Variante der Konsensfindung vorgezogen. Warum?

Ich möchte folgende Erklärung vorschlagen: Es ist in einer Gemeinschaft, in der jede*r jede*n persönlich kennt, viel leichter herauszubekommen, was die meisten Mitglieder dieser Gemeinschaft tun wollen, als herauszufinden, wie diejenigen zu überzeugen wären, die damit nicht einverstanden sind. Entscheidungen auf Konsensfindung ist für Gesellschaften typisch, in denen es keine Möglichkeit gibt, eine Minderheit dazu zu zwingen, sich einer Mehrheitsentscheidung anzuschließen – entweder, weil es keinen Staat gibt, der das Monopol zur Gewaltausübung hat, oder weil der

Staat mit lokalen Entscheidungen nichts zu tun hat. Wenn es keine Möglichkeit gibt, diejenigen, denen ein Mehrheitsentscheid zuwider ist und ihn nicht annehmen wollen, dazu zu zwingen, dann ist Abstimmen das Letzte, was man tun würde: ein öffentlicher Wettbewerb, der sichtbare Verlierer*innen hinterlässt. Eine solche Wahl wäre die nächstliegende Methode, um Erniedrigungen, Ressentiments, Hassgefühle und am Ende die Zerstörung ganzer Gemeinschaften zu garantieren. Was sich als ausgeklügelter und schwieriger Konsensfindungsprozess darstellt, ist faktisch ein langwieriger Prozess, der gewährleisten soll, dass niemand mit dem Gefühl weggeht, mit den eigenen Ansichten völlig unbeachtet geblieben zu sein.

Eine Mehrheitsdemokratie, könnte man sagen, kann nur entstehen, wenn zwei Faktoren zusammenkommen:

1.) das Gefühl, dass die Menschen bei Gruppenentscheidungen das gleiche Sagen haben sollten, und
2.) ein Zwangsapparat, der in der Lage ist, diese Entscheidungen durchzusetzen.

Beides auf einmal zu haben, war für die meiste Zeit in der menschlichen Geschichte äußerst ungewöhnlich. Wo es egalitäre Gesellschaften gibt, sieht man es in der Regel als falsch an, systematisch Zwang auszuüben. Wo eine Zwangsmaschinerie existierte, kam es selbst denen, die sie bedienten, nicht in den Sinn, sie würden damit in irgendeiner Weise den allgemeinen Willen der Bevölkerung durchsetzen. Es ist von offensichtlicher Bedeutung, dass das antike Griechenland eine der am stärksten wettbewerbsorientierten Gesellschaften war, die aus der Geschichte bekannt sind. Es war eine Gesellschaft, die dazu neigte, aus allem einen öffentlichen Wettbewerb zu machen, vom Sport bis zur Philosophie und Tragödie oder was es sonst noch geben mochte. So ist es vielleicht nicht völlig verwunderlich, dass sie auch aus der politischen Entscheidungsfindung einen öffentlichen Wettkampf machten. Noch größere Bedeutung hatte jedoch die Tatsache, dass Entscheidungen von einer Bevölkerung in Waffen getroffen wurden. Aristoteles bemerkt in seiner *Politik*, dass die Verfassung eines griechischen Stadtstaats normalerweise von der jeweils vorherrschenden Waffengattung abhängt: Wenn es die Reiterei ist, wird die Verfassung aristokratisch sein – Pferde sind teuer. Wenn es Hopliten, schwerbewaffnete Fußsoldaten, sind, wird sie oligarchisch sein, denn nicht alle können sich Rüstung und Ausbildung leisten. Wenn seine Macht auf der Flotte oder der leichten Infanterie beruhte, könne man eine Demokratie erwarten, da jedermann rudern oder eine Schleuder benutzen kann. Mit anderen Worten, wenn ein Mann bewaffnet ist, muss man seine Meinungen einigermaßen berücksichtigen. Man kann in Xenophons *Anabasis* sehen, wie dies in der rauen Wirklichkeit funktionierte: Es ist die Geschichte einer Truppe griechischer Söldner, mitten in Persien, die plötzlich verloren und ohne Führung dastehen. Sie wählen neue Offiziere und stimmen dann gemeinsam darüber ab, um zu entscheiden, was sie als nächstes tun sollten. Selbst wenn das Stimmenverhältnis 60:40 war, konnte in einem Fall wie diesem jeder das Gleichgewicht der Kräfte erkennen – wissend, was geschehen würde, wenn es zu gewalttätigen Auseinandersetzungen käme. Jede Stimme war in einem ganz realen Sinn eine Eroberung.

Römische Legionen konnten auf ähnliche Weise demokratisch sein; das war der Hauptgrund, warum sie nie die Stadt Rom betreten durften. Und als Machiavelli beim Heraufdämmern der »modernen« Zeit das Konzept einer demokratischen Republik wiederbelebte, kehrte er ohne Umschweife zum Konzept eines Volks in Waffen zurück. Dies wiederum könnte hilfreich sein, den Begriff »Demokratie« selbst zu erklären, der von seinen elitären Gegner*innen quasi als Beleidigung gemeint war: er bedeutet wörtlich die »Stärke« oder »Macht« oder gar »Gewalt« des Volkes. *Kratos*, nicht *archos*. Immer schon siedelten die elitären Wortschöpfer*innen die Demokratie nicht allzu weit von bloßer Krawallmacherei oder einer Herrschaft des Mobs entfernt an; obgleich für sie selbst die Lösung natürlich in der dauerhaften Unterwerfung des Volkes durch jemand anderen bestand. Wenn es ihnen gelang, der Demokratie aus diesem Grund Herr zu werden, was ganz normal war, so hatte das ironischerweise zur Folge, dass die einzige Möglichkeit der breiten Bevölkerung, ihren Willen kund zu tun, oft genau darin bestand, einen Krawall zu veranstalten, einer Praxis, die, sagen wir mal, im kaiserzeitlichen Rom oder im England des 18. Jahrhunderts praktisch institutionalisiert wurde.

Das alles soll nicht heißen, dass direkte Demokratien – wie zum Beispiel in der Praxis mittelalterlicher Städte oder den *town meetings* in New England – gewöhnlich keine geordneten und würdevollen Angelegenheiten waren; auch wenn zu vermuten steht, dass auch hier in der konkreten Praxis gewisse Mindestanforderungen an die Konsenssuche gestellt wurden. Und es war dieser militärische Unterton, der es selbst noch den Verfassern der *Federalist Papers* gestattete, wie fast alle anderen gebildeten Männer ihrer Zeit einfach anzunehmen, dass das, was sie »Demokratie« nannten – womit sie eine direkte Demokratie meinten –, seinem Wesen nach die instabilste, chaotischste Regierungsform war, ganz zu schweigen davon, dass sie das Recht von Minderheiten gefährdete (die besondere Minderheit, an die sie dachten, waren in diesem Fall die Reichen). Erst als es gelang, den Begriff »Demokratie« fast völlig umzukrempeln, so dass er auch das Prinzip der Repräsentation beinhaltete – ein Wort, das seinerseits eine sehr seltsame Geschichte hat, da es sich, wie Cornelius Castoriadis anmerkt, ursprünglich auf Repräsentanten des Volks vor dem König, faktisch eher inländische Botschafter, bezog, und nicht auf jene, die in irgendeinem Sinne selbst Macht ausübten –, wurde er in den Augen politischer Theoretiker*innen aus gutem Hause rehabilitiert und nahm die Bedeutung an, die er heute hat.

Gewissermaßen denken Anarchist*innen also, dass all jene rechten politischen Theoretiker*innen, die beharrlich wiederholen, »dass Amerika keine Demokratie, sondern eine Republik ist«, völlig richtig liegen. Der Unterschied ist, dass Anarchist*innen damit ein Problem haben. Sie denken, es müsste eine Demokratie sein. Auch wenn eine immer größere Menge inzwischen akzeptiert, dass die traditionell elitäre Kritik an der direkten majoritären Demokratie nicht gänzlich unbegründet ist.

Ich habe bereits bei früherer Gelegenheit festgestellt, dass sich alle Gesellschaftsordnungen in gewissem Sinn mit sich selbst im Kriegszustand befinden. Diejenigen, die kein Gewaltsystem zur zwangsweisen Durchsetzung von Entscheidungen errichten wollen, müssen ein System entwickeln, das gesellschaftlichen Konsens schafft und bewahrt (zumindest in einem minimalen Sinn, wonach sichergestellt ist, dass Unzufriedene sich das Gefühl bewahren können, sie hätten sich aus freien Stücken entschlossen, schlechten Entscheidungen zuzustimmen); das Ergebnis ist offenkundig: Der interne Krieg wird nach außen projiziert, in endlose nächtliche Gefechte und Formen gespenstischer Gewalt. Die direkte Mehrheitsdemokratie droht ständig, diese Kraftlinien sichtbar zu machen. Aus diesem Grund ist sie tendenziell ziemlich instabil, oder, genauer gesagt: wenn sie von Dauer ist, dann deswegen, weil ihre institutionellen Formen (die mittelalterliche Stadt, der Gemeinderat in New England, schließlich Meinungsumfragen, Referenden ...) sich beinahe ausnahmslos in ein größeres Kontrollsystem einfügen, in dem die machthabenden Eliten sich eben jener Instabilität bedienen, um ihr fundamentales Monopol auf die Gewaltmittel zu rechtfertigen. Letzten Endes wird die drohende Instabilität zur Ausrede für eine Art Minimal-»Demokratie«, die nichts weiter will, als dass die herrschenden Eliten sich gelegentlich – in sorgsam inszenierten Wettbewerben, aufgeplustert mit eher bedeutungslosen Zweikämpfen und Turnieren – mit »der Öffentlichkeit« beraten sollten, um ihr Recht zu erneuern, weiterhin für sie die Entscheidungen zu treffen.

Es ist eine Falle. Das Hin und Her zwischen den beiden sorgt dafür, dass die Vorstellung, Menschen könnten ihr Leben jemals selbst in die Hand nehmen, ohne die Hilfe von »Volksvertretern«, äußerst unwahrscheinlich bleiben wird. Aus diesem Grund stand am Beginn der neuen globalen Bewegung eine inhaltliche Neuerfindung des Demokratiebegriffs. Letztendlich heißt das, sich wieder einmal mit der Tatsache abzufinden, dass »wir« – ob als »der Westen« (was immer das auch bedeuten mag), als die »moderne Welt« oder sonst etwas – wirklich nicht so besonders sind, wie wir gerne von uns glauben; dass wir nicht die einzigen Menschen sind, die jemals Demokratie praktiziert haben; dass »westliche« Regierungen faktisch für die Verbreitung der Demokratie rund um die Welt nicht allzu viel getan haben, aber mindestens die gleiche Zeit damit verbracht haben, sich in das Leben von Menschen einzumischen, die seit Tausenden von Jahren praktische Erfahrungen mit Demokratie haben, um ihnen auf die eine oder andere Weise beizubringen, sie sollten es lassen.

Einer der ermutigendsten Aspekte hinsichtlich dieser neuen, anarchistisch inspirierten Bewegungen ist, dass sie eine neue Form des Internationalismus propagieren. Der ältere, kommunistische Internationalismus hatte einige sehr schöne Ideale, aber, was die Organisation anging, schwamm im Grunde genommen jeder in die gleiche Richtung. Er gab außereuropäischen Regimen und ihren Siedlerkolonien die Mittel in die Hand, um westliche Ordnungsprinzipien zu erlernen: Parteistrukturen, Plenarversammlungen, Säuberungen, bürokratische Hierarchien, Geheimpolizei ... Dieses Mal – man könnte es die zweite Welle des Internationalismus nennen oder einfach anarchistische Globalisierung – haben die Organisationsformen in ihrer Bewegung großenteils die andere Richtung eingeschlagen. Es ist nicht nur der Konsensfindungsprozess: Die Idee massenhafter gewaltloser direkter Aktionen kam zuerst in Südafrika und Indien auf, und das gängige Netzwerkmodell wurde zuerst von den Rebell*innen in Chiapas vorgeschlagen; auch das Konzept der autonomen Bezugsgruppe kam aus Spanien und Lateinamerika. Die Ergebnisse der Ethnografie – und die ethnografischen Methoden – könnten hier eine enorme Hilfe sein, falls die Anthropolog*innen ihr – wenngleich verständliches – Zögern aufgäben, das sich ihrer eigenen, oft schmutzigen Kolonialgeschichte verdankt, und sich darauf verstünden, das, worauf sie sitzen, nicht als schuldhaftes Geheimnis zu betrachten (das nichtsdestotrotz ihr schuldhaftes Geheimnis ist und niemandes sonst), sondern als gemeinsamen Besitz der Menschheit.

# ANTHROPOLOGIE (worin der Autor etwas unwillig die Hand beißt, die ihn füttert)

Die abschließende Frage – eine, die ich zugegebenermaßen bis jetzt eher vermieden habe – lautet, warum die Anthropolog*innen dies bislang nicht getan haben. Ich habe bereits beschrieben, warum ich meine, dass Akademiker*innen sich generell dem Anarchismus nur selten nahe gefühlt haben. Ich habe ein wenig von den radikalen Neigungen gesprochen, die einen Großteil der Anthropologie zu Beginn des 20. Jahrhunderts kennzeichneten, mit einer oft sehr starken Affinität zum Anarchismus, was sich aber im Lauf der Zeit weitgehend verflüchtigt zu haben scheint. Es ist alles ein bisschen seltsam. Schließlich sind Anthropolog*innen die einzige Gruppe von Wissenschaftler*innen, die etwas über real existierende Gesellschaften ohne Staat wissen; viele haben tatsächlich in Weltgegenden gelebt, wo Staaten ihre Funktion verloren haben oder wenigstens vorübergehend nicht präsent waren und wo die Menschen jetzt ihre Angelegenheiten autonom regeln; und wenn schon nichts sonst, eines wissen sie genau, dass die plattesten Vermutungen darüber, was in Abwesenheit des Staates geschehen würde (»Aber die Leute würden sich einfach gegenseitig umbringen!«), faktisch falsch sind.

Warum also?

Nun, es gibt eine Reihe von Gründen. Einige verstehen sich von selbst. Wenn der Anarchismus seinem Wesen nach eine Ethik der Praxis ist, dann führt das Nachdenken über die anthropologische Praxis in der Regel dazu, dass eine Menge unangenehmer Dinge aufgerührt werden. Besonders wenn man sich auf die Erfahrung der anthropologischen Feldforschung konzentriert – wozu Anthropolog*innen ausnahmslos neigen, wenn sie das Stadium der Reflexion erreichen. Das Fach, so wie es uns heute bekannt ist, wurde durch entsetzliche Systeme der Eroberung, der Kolonisierung und des Massenmordes ermöglicht – wie eigentlich die meisten modernen akademischen Disziplinen, einschließlich Geografie und Botanik, ganz zu schweigen von solchen Fächern wie Mathematik, Linguistik und Robotik, für die das immer noch gilt, nur dass Anthropolog*innen aufgrund der Tatsache, dass es meist zu ihrer Arbeit gehört, die Opfer persönlich kennen zu lernen, sich inzwischen auf eine Weise den Kopf darüber zermartern, wie es die Vertreter*innen anderer Fächer fast nie tun. Das führte zu einem merkwürdig paradoxen Ergebnis: Aus anthropologischen Reflexionen über die eigene Schuld beziehen in erster Linie Nicht-Anthropolog*innen, die sich nicht die Mühe machen wollten, etwas über 90% der menschlichen Erfahrung zu lernen, jene zwei oder drei praktischen, abkanzelnden Phrasen (Sie wissen schon: alles rund um das Thema, wie man das eigene Gefühl der Andersartigkeit in die Kolonisierten hineinprojiziert), durch die sie sich denen moralisch überlegen fühlen können, die sich die Mühe machen.

Auch für die Anthropolog*innen selbst sind die Ergebnisse auf seltsame Weise paradox. Zwar sitzen sie tatsächlich auf einem riesigen Archiv an menschlicher Erfahrung, von sozialen und politischen Experimenten, über die niemand sonst wirklich Bescheid weiß, doch wird eben dieses Korpus an vergleichender Ethnografie als etwas Schimpfliches angesehen. Wie ich erwähnt habe, wird es nicht als das gemeinsame Erbe der Menschheit behandelt, sondern als unser kleines schmutziges Geheimnis. Was wenigstens insoweit durchaus passend ist, als es in Fragen akademischer Macht weitgehend darum geht, wie man Eigentumsrechte an bestimmten Formen des Wissens erwirbt und sicherstellt, dass anderen der Zugang erschwert wird. Weil, wie ich auch erwähnt habe, unser schmutziges kleines Geheimnis nach wie vor uns gehört. Es ist nichts, das man mit anderen teilen müsste.

Doch es geht um mehr. In vielerlei Hinsicht scheint die Anthropologie eine Disziplin zu sein, die vor ihren eigenen Möglichkeiten zurückschreckt. Sie ist zum Beispiel die einzige Disziplin, die in der Lage ist, Generalisierungen über die Menschheit als ganze zu machen – da sie die einzige Disziplin ist, die tatsächlich die gesamte Menschheit einbezieht und auch mit allen Anomalien vertraut ist. (»Alle Gesellschaften praktizieren die Heirat, sagen sie? Nun, das hängt davon ab, wie sie ›Heirat‹ definieren. Bei den Nayar …«) Aber sie weigert sich hartnäckig, es zu tun. Ich glaube nicht, dass man das allein mit einer verständlichen Reaktion auf die Vorliebe der politischen Rechten erklären sollte, groß angelegte Thesen über die Natur des Menschen aufzustellen, um damit sehr bestimmte und, in der Regel, sehr bestimmt scheußliche gesellschaftliche Institutionen (Vergewaltigung, Krieg, den Kapitalismus des freien Marktes) zu rechtfertigen – auch wenn das gewiss einen Großteil davon ausmacht. Zum Teil ist es einfach die enorme Größe des Gegenstandes. Wer verfügt wirklich über die Mittel, bei einer Diskussion über – sagen wir mal – Konzeptionen des Begehrens, der Imagination, des Selbst, der Souveränität, alle chinesischen oder indischen oder islamischen Denker*innen, die zusätzlich zum westlichen Kanon etwas über das Thema zu sagen hatten, zu berücksichtigen, gar nicht zu reden von alltäglichen Konzeptionen der Leute, wie sie ebenso in Hunderten Gesellschaften Ozeaniens oder der Native Americans verbreitet sind? Es ist einfach zu entmutigend. Mit dem Ergebnis: Anthropolog*innen stellen kaum noch breit angelegte theoretische Verallgemeinerungen auf – stattdessen überlassen sie die Arbeit europäischen Philosoph*innen, die gewöhnlich absolut kein Problem damit haben, das Begehren oder die Imagination oder das Selbst oder die Souveränität zu erörtern, als ob solche Konzepte von Platon oder Aristoteles ausgedacht, von Kant oder de Sade entwickelt und von niemandem außerhalb der elitären literarischen Traditionen Westeuropas und Nordamerikas sinnvoll diskutiert worden wären. Wenn einst die theoretischen Schlüsselbegriffe der Anthropologie Wörter wie Mana, Totem oder Tabu waren, sind die neuen Schlagwörter ausnahmslos aus dem Lateinischen oder Griechischen abgeleitet, gewöhnlich übers Französische, gelegentlich auch über das Deutsche.

So könnte es zwar den Anschein haben, als sei die Anthropologie für alle möglichen politischen oder sonstigen Gespräche auf dem Planeten bestens positioniert, doch besteht ein gewisser innerlicher Widerwillen dagegen.

Und dann ist da noch die Frage der Politik. Die meisten Anthropolog*innen schreiben, als ob ihre Arbeit offenkundige politische Bedeutung hätte, in einem Tonfall, der vermuten lässt, dass sie das, was sie tun, als ziemlich radikal betrachten und bestimmt links von der Mitte. Aber woraus besteht diese Politik eigentlich? Es lässt sich immer schwieriger sagen. Sind Anthropolog*innen in der Regel antikapitalistisch? Gewiss, es fällt einem schwerlich eine*r ein, die oder der viel Gutes über den Kapitalismus zu sagen hätte. Viele haben die Angewohnheit, das gegenwärtige Zeitalter als »Spätkapitalismus« zu beschreiben, so als ob sie durch den bloßen Akt der Feststellung, eine Epoche nähere sich ihrem Ende, seinen Niedergang beschleunigen könnten. Jedoch fallen mir keine Anthropolog*innen ein, die in jüngerer Zeit einen irgendwie gearteten Vorschlag gemacht hätten, wie eine Alternative zum Kapitalismus aussehen könnte. Sind sie demnach *liberals*[12]? Viele können das Wort nicht ohne verächtliches Schnauben aussprechen. Was also? Soweit ich erkennen kann, ist das einzig wirkliche und grundsätzliche politische Engagement, das in der gesamten Disziplin geteilt wird, eine Art breiter Populismus. Wenn

12 Der Begriff »liberal« wird in den USA hauptsächlich für Sozial-Liberale und den Mitte-Links-Liberalismus verwendet. (A.d.V.)

schon nichts anderes, so sind wir definitiv nicht auf Seiten derjenigen, wer es auch sein mag, die in einer gegebenen Situation die Elite bilden oder sich einbilden, sie zu sein. Wir sind für die kleinen Leute. Faktisch sind die meisten Anthropolog*innen an (immer globalere) Universitäten gebunden oder enden andernfalls in der Marketingberatung oder Jobs bei den Vereinten Nationen – Positionen mitten drin im globalen Herrschaftssystem. Es läuft also tatsächlich auf eine Art ständiger, ritualisierter Illoyalitätserklärung gegenüber eben jener globalen Elite hinaus, von der wir als Akademiker*innen selbst eindeutig eine (zugegeben etwas marginale) Fraktion bilden.

Nun, welche Form nimmt dieser Populismus in der Praxis an? In der Hauptsache heißt es: Du musst beweisen, dass die Menschen, die du erforschst, die kleinen Leute, erfolgreich Widerstand gegen irgendwelche aufgezwungenen Globalisierungseinflüsse oder sonst eine Form von Macht leisten. Das ist es nämlich, worüber die meisten Anthropolog*innen reden, wenn die Globalisierung angesprochen wird – was derzeit üblicherweise sofort der Fall ist, egal was du erforschst. Ob Werbung oder Seifenopern oder Formen der Erzwingung von Arbeitsdisziplin oder staatliche Rechtssysteme oder was es sonst ist, das den Anschein erwecken könnte, die eigene erforschte Bevölkerung würde dadurch zerschmettert oder der Mehrheitsbevölkerung angeglichen oder manipuliert, man beweist, dass die »eigenen« Leute nicht hereingelegt, nicht zerschmettert, nicht angepasst worden sind; tatsächlich eignen sie sich das, womit sie konfrontiert sind, schöpferisch an oder interpretieren es auf eine neue Weise, die sich deren Urheber*innen nicht hätten träumen lassen. Natürlich trifft das alles bis zu einem gewissen Maße zu. Ich möchte bestimmt nicht abstreiten, dass es wichtig ist, die – immer noch erstaunlich weit verbreitete – populäre Ansicht zu bekämpfen, dass es mit der Kultur der Menschen in Bhutan oder Irian Jaya, sobald sie mit MTV Bekanntschaft machen, im Wesentlichen vorbei sei. Verwirrend ist – wenigstens für mich –, in welchem Maße diese Logik jene des globalen Kapitalismus widerspiegelt. Schließlich behaupten auch Werbeagenturen nicht, dass sie der Öffentlichkeit irgendetwas aufdrängten. Insbesondere in dieser Epoche der Marktsegmentierung behaupten sie, der Öffentlichkeit gerade das Material zur kreativen und eigensinnigen Aneignung und Inbesitznahme zu bieten. Vor allem die Rhetorik des »kreativen Konsums« könnte als die wahre Ideologie des neuen globalen Marktes angesehen werden: eine Welt, in der jegliches menschliche Verhalten als Produktion, Tausch oder als Konsumtion klassifiziert werden kann; in der als Voraussetzung gilt, dass dem Tausch fundamentale menschliche Neigungen nach rationalem Profitstreben als treibende Kraft zugrunde liegen, die überall gleich sind; und in der Konsum zur Möglichkeit wird, die jeweils ganz besondere eigene Identität herzustellen (und die Produktion nicht diskutiert wird, wenn es sich vermeiden lässt). Auf dem Börsenparkett sind wir alle gleich; was wir mit all dem gekauften Zeug anstellen, wenn wir damit nach Hause kommen, unterscheidet uns voneinander. Diese Logik des Marktes wurde so stark verinnerlicht, dass zum Beispiel eine Frau in Trinidad, die sich in ein ausgefallenes Outfit schmeißt, um tanzen zu gehen, in ihrem Tun von Anthropolog*innen automatisch als jemand eingeordnet wird, der »konsumiert« (im Gegensatz zu jemandem, der beispielsweise auf die Pauke haut und sich amüsiert), als ob die Tatsache, dass sie sich ein paar Drinks genehmigt, das wirklich bedeutsame an ihrem Abend wäre, oder weil der oder die Anthropolog*in in Erwägung zieht, dass das Tragen von Kleidern selbst so was Ähnliches wie Trinken ist; vielleicht denken sie auch überhaupt nicht darüber nach und nehmen an, dass alles, was man tut und was nicht Arbeit ist, »Konsumtion« darstellt – denn wirklich wichtig daran ist, dass Fabrikwaren im Spiel sind. Der Blickwinkel der Anthropolog*innen und der globalen Marketingmanager*innen sind fast ununterscheidbar geworden.

Auf politischer Ebene sind die Unterschiede nicht so ausgeprägt. Lauren Leve hat neulich davor gewarnt, dass die Anthropolog*innen, wenn sie nicht aufpassten, riskierten, bloß zu einem weiteren Rädchen im Getriebe einer globalen »Identitätsmaschinerie« zu werden. Dieses den ganzen Planeten umfassende System von festen Gewohnheiten und Anmaßungen hat während des letzten Jahrzehnts die Bewohner*innen der Erde (das heißt alle, bis auf die oberste Elite) erfolgreich davon in Kenntnis gesetzt, dass nunmehr, da alle Debatten über das Wesen politischer oder ökonomischer Möglichkeiten beendet seien, die einzige Möglichkeit, jetzt noch politische Forderungen geltend machen zu können, darin bestehe, eine bestimmte Gruppenidentität einzufordern, wobei, was Identität ist, im Voraus festgelegt ist (also, dass Gruppenidentität nicht etwas ist, wodurch sich eine Gruppe mit allen anderen vergleicht, sondern sich vielmehr durch die Art und Weise, wie eine Gruppe sich zur eigenen Geschichte verhält, konstitutiert und dass es in dieser Hinsicht keinen wesentlichen Unterschied zwischen Individuen und Gruppen gibt ...). Die Dinge sind inzwischen so verfahren, dass in Ländern wie Nepal selbst Theravada-Buddhist*innen Identitätspolitik spielen müssen, ein besonders bizarres Spektakel, da sie ihre Identitätsansprüche doch im Wesentlichen auf eine universalistische Philosophie gründen, die behauptet, dass Identität eine Illusion sei.

Vor vielen Jahren hat der französische Anthropologe Gérard Althabe ein Buch über Madagaskar geschrieben, das den Titel *Oppression et Liberation dans l'Imaginaire* trug. Das ist eine griffige Formulierung. Ich glaube, sie ließe sich gut auf vieles anwenden, was in der anthropologischen Literatur letztlich geschieht. Was wir hier in der von Paul Gilroy so genannten »überentwickelten Welt« »Identitäten« nennen, wird den Menschen größtenteils aufgezwungen. In den Vereinigten Staaten sind die meisten das Produkt anhaltender Unterdrückung und Ungleichheit: Wer als Schwarz gilt, soll dies in keinem einzigen Augenblick der eigenen Existenz vergessen; eine Eigendefinition ist für die Bankangestellten, die ihr oder ihm den Kredit verweigern, oder die Polizist*in, die ihn oder sie verhaftet, weil sie oder er sich in der falschen Nachbarschaft aufhält, oder die Ärzt*innen, die im Falle einer Arm- oder Beinverletzung eher zur Amputation raten, bedeutungslos. Alle Versuche individueller oder kollektiver Selbstgestaltung oder Selbsterfindung müssen sich gänzlich innerhalb jener äußerst gewaltsamen Beschränkungen abspielen. (Dies könnte sich wirklich nur dadurch ändern, wenn sich die Haltungen derer, die das Privileg haben, als »Weiße« zu gelten, veränderten – was wahrscheinlich darauf hinausliefe, mit der Kategorie des Weißseins Schluss zu machen.) Fakt ist jedoch, dass niemand irgendeine Vorstellung davon hat, wie die meisten Menschen in Nordamerika sich selbst definieren würden, wenn der institutionalisierte Rassismus tatsächlich verschwinden sollte – wenn alle wirklich die Freiheit besäßen, sich wie immer sie wollten zu definieren. Aber es ist auch wenig sinnvoll, darüber zu spekulieren. Es stellt sich die Frage: Wie lässt sich eine Situation herbeiführen, in der wir es herausfinden könnten?

Das meine ich mit »Befreiung im Imaginären«. Darüber nachzudenken, was es bräuchte, um in einer Welt zu leben, in der alle, als Individuen und im Kollektiv, wirklich die Macht hätten, für sich selbst zu entscheiden, welcher Art von Gemeinschaft sie anzugehören wünschten und welcherlei Identitäten sie annehmen möchten – das ist wahrhaft schwierig. Eine solche Welt zu schaffen, wäre beinahe unvorstellbar schwierig. Es erforderte, nahezu alles zu verändern. Es würde auch auf den hartnäckigen und letzten Endes gewaltsamen Widerstand jener stoßen, die von den bestehenden Verhältnissen am meisten profitieren. Stattdessen so zu schreiben, als ob diese Identitäten schon freiwillig und ungehindert – oder weitgehend freiwillig und ungehindert – erschaffen wurden, ist leicht und befreit eine*n völlig von dem komplexen und hartnäckigen Problem, in welchem Maße die eigene Arbeit selbst Teil dieser Identitätsmaschinerie ist. Aber das macht es nicht wahrer als die Aussage, dass das Reden über den »Spätkapitalismus« seinerseits den Zusammenbruch des industriellen Systems herbeiführen oder die soziale Revolution fördern wird.

**Eine Veranschaulichung:**
Sollte das, was ich hier sage, nicht klar sein, so lassen sie mich für einen Augenblick zu den zapatistischen Rebellen von Chiapas zurückkehren, deren Revolte am Neujahrstag 1994 (wofür einiges spricht) den Anstoß zur später so genannten Globalisierungsbewegung gegeben haben könnte. Die Zapatistas kamen überwiegend aus Tzeltal-, Tzotzil- und Tojolobal-Maya-sprechenden Gemeinschaften, die sich im lakandonischen Regenwald niedergelassen hatten – einige der ärmsten und am schlimmsten ausgebeuteten Gemeinden Mexikos. Die Zapatistas bezeichnen sich selbst nicht wirklich als Anarchist*innen und auch nicht als richtige Autonomists; sie repräsentieren innerhalb dieser breiteren Tradition einen eigenen einzigartigen Strang; in der Tat versuchen sie, die revolutionäre Strategie selbst zu revolutionieren, indem sie jeden Anflug einer Avantgardepartei, die die Kontrolle über den Staat ergreift, aufgeben. Stattdessen kämpfen sie für die Schaffung freier Enklaven, die als Modelle für eine autonome Selbstverwaltung dienen können, was eine allgemeine Umgestaltung der mexikanischen Gesellschaft in ein komplexes, überlappendes Netzwerk von sich selbst verwaltenden Gruppen erlauben würde, die dann mit der Diskussion darüber beginnen könnten, wie sich die politische Gesellschaft neu erfinden ließe. Es gab offensichtlich in der zapatistischen Bewegung selbst einige Meinungsverschiedenheiten über die Formen der demokratischen Praxis, die man verbreiten wollte. Die mayasprachige Basis setzte sich stark für eine Form des Konsensfindungsprozesses ein, den sie aus den eigenen kommunalen Traditionen übernahm, der aber neu gestaltet wurde, um ihn entschieden egalitärer zu machen; einige der spanischsprachigen militärischen Führer*innen des Aufstandes waren überaus skeptisch, was die Frage anging, ob sich das auf nationaler Ebene verwirklichen ließe. Doch letztlich mussten sie sich der Vision derer beugen, die sie »führten, indem sie gehorchten«, wie die

Zapatistas sagen. Am bemerkenswertesten dabei war, was geschah, als sich die Nachricht von dieser Rebellion über die restliche Welt verbreitete. Hier lässt sich wirklich beobachten, wie Leves »Identitätsmaschinerie« funktioniert. Sie wurden nicht als eine Gruppe von Rebell*innen mit der Vision eines radikalen demokratischen Wandels gesehen, sondern auf der Stelle neu definiert als Bande von »Maya-Indianern«, die indigene Autonomie forderten. So wurden sie von den internationalen Medien dargestellt; das war es, was alle an ihnen für bedeutsam hielten, von den humanitären Organisationen über die mexikanischen Bürokrat*innen bis zu den Menschenrechtsbeobachter*innen bei den Vereinten Nationen. Mit der Zeit sahen sich die Zapatistas – die mit ihrer Strategie von Anfang an davon abhängig waren, Verbündete in der internationalen Gemeinschaft zu finden – immer mehr genötigt, auch die indigene Karte zu spielen, ausgenommen, wenn sie mit ihren überzeugtesten Verbündeten zu tun hatten.

Diese Strategie war nicht völlig unwirksam. Zehn Jahre später existiert die Zapatistische Armee der Nationalen Befreiung immer noch, ohne kaum einen Schuss abfeuern zu müssen – auch wenn das nur der Tatsache zuzuschreiben ist, dass sie in dieser Zeit willens war, das »Nationale« in ihrem Namen herunterzuspielen. Ich möchte nur betonen, wie herablassend – oder vielleicht sollten wir uns hier nicht zurückhalten, wie rassistisch – die internationale Reaktion auf die zapatistische Rebellion tatsächlich war. Denn was die Zapatistas vorhatten, war genau das: mit jener schwierigen Arbeit zu beginnen – die, ich habe es angesprochen, bei dem ganzen »Identitäts«-Gerede ignoriert wird – und herauszubekommen, welche Organisationsformen, welche Verfahrens- und Beratschlagungsformen erforderlich wären, um eine Welt zu schaffen, in der Menschen und Gemeinschaften tatsächlich die Freiheit hätten, für sich selbst zu bestimmen, welche Art Menschen und Gemeinschaften sie sein wollen. Und was hat

> man ihnen erzählt? Man teilte ihnen mit, dass sie, da sie ja Maya wären, der Welt unmöglich etwas über Identitätsbildungsprozesse zu sagen haben könnten; oder über das Wesen politischer Möglichkeiten. Die einzig mögliche politische Erklärung, die sie als Maya den Nicht-Maya gegenüber machen könnten, bestünde darin, etwas über ihre Identität als Maya zu sagen. Sie könnten das Recht einfordern, weiterhin Maya zu bleiben. Sie könnten die Anerkennung als Maya verlangen. Aber dass ein Maya etwas der Welt mitzuteilen hätte, das nicht bloß ein Kommentar zu seinem Maya-Sein wäre, sei undenkbar.

Und wer hörte auf das, was sie wirklich zu sagen hatten?

Großenteils, so scheint es, eine Ansammlung von anarchistischen Teenagern in Europa und Nordamerika, die schon bald damit begannen, die Gipfeltreffen eben jener globalen Elite zu belagern, mit der die Anthropolog*innen so ein unbehagliches, ungemütliches Bündnis aufrechterhalten.

Aber die Anarchist*innen hatten recht. Ich bin der Ansicht, die Anthropolog*innen sollten mit ihnen gemeinsame Sache machen. Wir wissen um Mittel und Möglichkeiten, die von enormer Bedeutung für die menschliche Freiheit sind. Fangen wir damit an, einige Verantwortung dafür zu übernehmen.

# Einen Westen hat es nie gegeben oder Die Demokratie erwächst aus den Zwischenräumen

(2007)

Das Folgende entstammt weitgehend meinen Erfahrungen mit der alternativen Globalisierungsbewegung, wo Fragen der Demokratie deutlich im Mittelpunkt der Debatte standen. Anarchist*innen in Europa oder Nordamerika und indigene Organisationen im Globalen Süden haben sich in auffallend ähnliche Diskussionen verwickelt gefunden. Ist »Demokratie« an sich ein westliches Konzept? Verweist es auf eine Form des Regierens [governance] (eine Art kommunaler Selbstorganisation) oder auf eine Form der Regierung [government] (eine bestimmte Methode, einen Staatsapparat zu organisieren)? Bedeutet Demokratie notwendigerweise ein Mehrheitsprinzip? Ist die repräsentative Demokratie überhaupt eine echte Demokratie? Ist das Wort auf Dauer durch seine Ursprünge in Athen belastet, einer militaristischen Sklavenbesitzergesellschaft, die sich auf die systematische Unterdrückung der Frauen gründete? Oder hat das, was wir jetzt »Demokratie« nennen, überhaupt eine reale historische Verbindung zur athenischen Demokratie? Können diejenigen, die dezentralisierte Formen einer auf Konsens beruhenden direkten Demokratie entwickeln, das Wort zurückerobern? Wenn ja, wie werden wir die Mehrheit der Menschen in der Welt jemals davon überzeugen, dass »Demokratie« nichts mit der Wahl von Abgeordneten zu tun hat? Falls nicht, falls wir stattdessen die gängige Definition akzeptieren und anfangen, die direkte Demokratie irgendwie anders zu nennen, wie können wir dann sagen, wir sind gegen Demokratie – wo das Wort solche weltweit als positiv empfundenen Assoziationen erweckt?

Das sind eher Argumente über Wörter als über Praktiken. Über Fragen der Praxis besteht eigentlich ein überraschendes Maß an Übereinstimmung; besonders bei den radikaleren Elementen der Bewegung, ob man nun mit Mitgliedern der zapatistischen Gemeinschaften in Chiapas, arbeitslosen *piqueteros* in Argentinien, niederländischen Hausbesetzer*innen oder Aktivist*innen gegen Zwangsräumung in südafrikanischen Townships redet, fast alle sind sich über die Bedeutung horizontaler statt vertikaler Strukturen einig; einig auch über die Notwendigkeit, dass Initiativen aus relativ kleinen, selbstorganisierten, autonomen Gruppen entstehen sollten, anstatt auf hierarchischem Befehlswege von oben angeordnet zu werden; einig über die Ablehnung dauerhafter Strukturen mit namentlich bekannten Führern; und über die Notwendigkeit, irgendeinen Mechanismus beizubehalten – egal, ob es sich dabei um »Facilitation«[1] nach nordamerikanischem Muster, um Frauen- und Jugendausschüsse wie bei den Zapatistas oder um sonst eine aus der unendlichen Vielfalt weiterer Möglichkeiten handelt –, der gewährleistet, dass die Stimmen derer, die normalerweise marginalisiert werden oder von den traditionellen Teilnahmemechanismen ausgeschlossen sind, gehört werden. Einige der bitteren Konflikte der Vergangenheit, zum Beispiel zwischen den Befürworter*innen eines Mehrheitswahlrechts und denen eines Konsensfindungsprozesses, sind weitgehend gelöst oder, vielleicht trifft es das genauer, erscheinen in zunehmendem Maße bedeutungslos, da immer mehr soziale Be-

1 »Anleitung, Förderung« (mittels eines facilitator) zur besseren Ermöglichung (Gestaltung, Durchführung) erfolgreicher Gruppenprozesse und Projektentwicklungen. (Anm. d. Übs.)

wegungen vollen Konsens nur innerhalb kleinerer Gruppen suchen und für größere Bündnisse Spielarten einer »modifizierten Konsensfindung« ausprobieren. Etwas entsteht. Das Problem ist, wie man es nennen soll. Viele der Schlüsselprinzipien der Bewegung (Selbstorganisation, freiwilliger Zusammenschluss, gegenseitige Hilfe, die Zurückweisung staatlicher Macht) stammen aus der anarchistischen Tradition. Doch vielen, die diese Ideen bejahen, widerstrebt es oder sie weigern sich glatt, sich selbst als »Anarchist*innen« zu bezeichnen. Ähnlich steht es auch mit der Demokratie. Meine eigene Herangehensweise besteht normalerweise darin, dass ich mir beide Ausdrücke offen zu eigen mache, dass ich mich sogar dafür einsetze, dass Anarchismus und Demokratie weitgehend identisch sind – bzw. sein sollten. Wie ich jedoch schon gesagt habe, gibt es in dieser Frage keinen Konsens, ja noch nicht einmal eine klare Mehrheitsmeinung.

Mir scheinen dies mehr als alles andere taktische, politische Fragen zu sein. Das Wort »Demokratie« hat im Lauf seiner Geschichte alle möglichen unterschiedlichen Dinge bedeutet. Als es geprägt wurde, galt es einem System, in dem die Bürger einer Gemeinschaft Entscheidungen durch die gleichberechtigte Abstimmung in einer gemeinsamen Versammlung trafen. Für die meiste Zeit in seiner Geschichte stand es für politische Unordnung, Aufruhr, Lynchjustiz und Gewalt zwischen rivalisierenden Gruppen (faktisch rief das Wort weitgehend die gleichen Assoziationen wach wie heute »Anarchie«). Erst in jüngster Zeit ist es mit einem System identifiziert worden, in dem die Bürger*innen Abgeordnete wählen, die in ihrem Namen staatliche Macht ausüben. Es gibt hier eindeutig kein »wahres Wesen« zu entdecken. In etwa das Einzige, was diese verschiedenen Verweise möglicherweise gemein haben, ist ein gewisser Bedeutungsgehalt, dass politische Fragen, die normalerweise zu den Belangen einer kleinen Elite gehören, hier allen offengelegt werden, und das ist entweder eine sehr gute oder eine sehr schlechte Sache. Der Begriff ist immer schon so moralisch aufgeladen gewesen, dass die Abfassung einer leidenschaftslosen, unparteiischen Geschichte der Demokratie beinahe ein Widerspruch in sich selbst wäre. Die meisten Wissenschaftler*innen, die den Anschein der Neutralität wahren wollen, vermeiden das Wort. Wer sich generalisierend zur Demokratie äußert, hat unweigerlich irgendwelche eigenützigen Interessen.

Ich habe diese sicherlich. Deshalb meine ich, dass es den Leser*innen gegenüber nur fair ist, wenn ich von Beginn an meine Interessen offen lege. Mir scheint es einen Grund zu geben, warum das Wort »Demokratie«, egal wie beständig es von Tyrannen und Demagogen missbraucht wird, dennoch hartnäckig seine Popularität behauptet. Die meisten Menschen setzen Demokratie nach wie vor mit einer bestimmten Vorstellung von einfachen Leuten gleich, die gemeinsam ihre Angelegenheiten regeln. Diese Konnotation hatte der Begriff schon im 19. Jahrhundert, und aus diesem Grund begannen damalige Politiker, die den Ausdruck früher gescheut hatten, ihn widerstrebend zu übernehmen und von sich selbst als »Demokraten« zu sprechen – und allmählich eine Geschichte zusammenzuschustern, dank derer sie sich selbst als Erben einer Tradition darstellen konnten, die bis ins alte Athen zurückführte. Ich werde auch – ohne einen besonderen Grund oder ohne einen besonderen gelehrten Grund, da es sich hierbei nicht um gelehrte, sondern um moralische und politische Fragen handelt – von der Prämisse ausgehen, dass die Geschichte der »Demokratie« mehr ist als nur die Geschichte des Wortes »Demokratie« und dementsprechend damit umgegangen werden sollte. Wenn Demokratie einfach eine Sache von Gemeinschaften ist, die ihre eigenen Angelegenheiten durch den offenen und verhältnismäßig egalitären Prozess einer öffentlichen Diskussion regeln, besteht kein Anlass, warum egalitäre Formen der Entscheidungsfindung in ländlichen Gemeinschaften Afrikas oder Brasiliens sich des Namens nicht mindestens ebenso würdig erweisen sollten wie die konstitutionellen Systeme, die heute in den meisten Nationalstaaten regieren – und in vielen Fällen wahrscheinlich um einiges würdiger.

Angesichts dessen werde ich eine Reihe von verwandten Argumenten anführen, und vielleicht fahre ich am besten damit fort, dass ich sie einfach alle ohne Umschweife präsentiere.

1.) Fast alle, die über das Thema schreiben, nehmen an, »Demokratie« sei ein »westliches« Konzept, dessen Geschichte im antiken Athen beginnt. Es wird ferner angenommen, dass, was Politiker des 18. und 19. Jahrhunderts in Westeuropa und Nordamerika zögerlich wiederaufleben ließen, im Wesentlichen die gleiche Sache war. Somit gilt Demokratie als etwas, dessen natürliches Habitat Westeuropa ist, samt seinen Englisch und Französisch sprechenden Siedlerkolonien. Nicht eine dieser Annahmen ist gerechtfertigt. »Westliche Zivilisation« ist ein besonders zusammenhangloser Begriff, aber, soweit er überhaupt auf irgendetwas verweist, bezieht er sich auf eine intellektuelle Tradition. Diese intellektuelle Tradition steht im Großen und Ganzen allem, was wir als Demokratie auffassen würden, ebenso feindlich gegenüber wie jene Indiens, Chinas oder Mesoamerikas.

2.) Demokratische Praktiken – Prozesse egalitärer Entscheidungsfindung – finden sich so gut wie überall und sind für keine gegebene »Zivilisation«, »Kultur« oder Tradition spezifisch. Sie haben die Tendenz, überall dort in Erscheinung zu treten, wo sich menschliches Leben außerhalb systematischer Zwangsstrukturen ereignet.

3.) Das »demokratische Ideal« kommt gerne dann zum Vorschein, wenn unter bestimmten historischen Umständen Intellektuelle und Politiker*innen, die in der Regel ihren Kurs zwischen Staaten und popularen Bewegungen und Praktiken navigieren, die eigenen Traditionen befragen – ausnahmslos im Dialog mit anderen Traditionen – und Beispiele vergangener oder gegenwärtiger demokratischer Praxis als Argumente benutzen, um zu zeigen, dass ihre Tradition einen grundlegenden demokratischen Kern hat. Ich nenne das Augenblicke »demokratischer Neugründung«. Aus der Perspektive der intellektuellen Traditionen sind es auch Momente der Rekuperation[2], in denen Ideale und Institutionen, die oft das Produkt unglaublich komplizierter Formen der Interaktion zwischen Menschen mit einer ganz anderen Geschichte und ganz anderen Traditionen sind, schließlich so dargestellt werden, als entsprängen sie der Logik der intellektuellen Tradition selbst. Besonders im Laufe des 19. und 20. Jahrhunderts kam es nicht nur in Europa, sondern nahezu überall zu solchen Augenblicken.

4.) Die Tatsache, dass sich dieses Ideal immer auf (wenigstens teilweise) erfundene Traditionen gründet, bedeutet nicht, dass es unauthentisch oder unzulässig oder zumindest weniger authentisch oder unzulässiger als andere wäre. Ein Widerspruch jedoch liegt darin, dass dieses Ideal stets auf dem unmöglichen Traum von der Verbindung demokratischer Verfahrensweisen oder Praktiken mit staatlichen Zwangsmechanismen basierte. Das Ergebnis sind, wo auch immer, in keinem aussagekräftigen Wortsinn »Demokratien«, sondern Republiken mit ein paar, zumeist recht begrenzten, demokratischen Elementen.

5.) Was wir heute erleben, ist keine Krise der Demokratie, sondern eher eine Krise des Staates. In den letzten Jahren ist es zu einer massiven Wiederbelebung des Interesses an demokratischen Praktiken und Verfahren innerhalb globaler sozialer Bewegungen gekommen, aber diese Entwicklung hat sich fast gänzlich außerhalb staatlicher Bezugssysteme abgespielt. Die Zukunft der Demokratie liegt genau in diesem Bereich.

Lassen Sie mich diese Punkte in ungefähr der Reihenfolge aufgreifen, in der ich sie oben vorgestellt habe. Ich beginne mit der kuriosen Vorstellung, wonach die Demokratie aus irgendeinem Grund ein »westliches Konzept« ist.

---

2 Rekuperation meint die Vereinnahmung von (gegenkulturellen) Ideen. Geprägt wurde der Begriff in den 1960er-Jahren von der Situationistischen Internationalen, die eine Vereinahmung radikaler Ideen durch die bürgerliche Gesellschaft feststellte, die sie sich, verdreht und neutralisiert, für ihre eigenen Zwecke aneignete. (Anm. d. Verl.)

# Teil I: Über die Ungereimtheit des Begriffs der »westlichen Tradition«

Ich beginne mit einem relativ leichten Ziel: Samuel P. Huntingtons berühmtem Buch über den »Kampf der Kulturen«. Huntington ist Professor für internationale Beziehungen in Harvard, ein klassischer Kalter-Krieg-Intellektueller, heißgeliebt in rechten Ideenschmieden. 1993 veröffentlichte er eine Arbeit, in der er die These aufstellte, dass jetzt, da der Kalte Krieg vorüber sei, globale Konflikte auf den Zusammenprall zwischen alten kulturellen Traditionen hinausliefen. Das Argument war insofern bemerkenswert, als es einen gewissen Begriff von kultureller Bescheidenheit förderte. Im Rückgriff auf Arnold Toynbee mahnte er die Bewohner des Westens nachdrücklich, sie möchten verstehen, dass ihre Zivilisation nur eine unter vielen sei und dass ihre Wertvorstellungen in keiner Weise als universell gelten könnten. Die Demokratie im Besonderen, so seine Rede, sei eine entschieden westliche Idee und der Westen solle seine Bemühungen einstellen, sie der restlichen Welt zu oktroyieren:

> *»Oberflächlich betrachtet hat die westliche Kultur mit vielen ihrer Merkmale den Rest der Welt durchsetzt. Auf grundlegenderem Niveau unterscheiden sich westliche Konzepte wesentlich von solchen, die in anderen Kulturen vorherrschen. Westliche Vorstellungen von Individualismus, Liberalismus, Konstitutionalismus, Menschenrechten, Gleichheit, Freiheit, der Herrschaft des Gesetzes, Demokratie, freien Märkten, der Trennung von Kirche und Staat finden oft wenig Widerhall in islamischen, konfuzianischen, japanischen, hinduistischen, buddhistischen oder orthodoxen Kulturen. Westliche Bemühungen, solche Vorstellungen zu propagieren, lösen stattdessen Reaktionen gegen einen ›Menschenrechtsimperialismus‹ aus und bestärken indigene Werte aufs Neue, wie an der Unterstützung für den religiösen Fundamentalismus durch die jüngere Generation in nichtwestlichen Kulturen abzulesen ist.*

*Schon die bloße Vorstellung, dass es eine ›universelle Zivilisation‹ gebe, ist eine westliche Idee, die dem Partikularismus der meisten asiatischen Gesellschaften und ihrer Betonung der Eigenheiten, die ein Volk vom anderen unterscheiden, direkt widerspricht.« (1993: 12, Übers. W. P.)*

Die Liste der westlichen Konzepte ist faszinierend, egal aus welchem Blickwinkel wir sie betrachten. Wörtlich genommen hieße das zum Beispiel, dass »der Westen« erst im 19. oder 20. Jahrhundert eine irgendwie erkennbare Form angenommen hätte, da in allen vorangegangenen Jahrhunderten eine überwältigende Mehrheit von »Westlern« so gut wie alle diese Prinzipien kurzerhand abgelehnt hätte – falls sie überhaupt in der Lage gewesen wäre, sich darunter etwas vorzustellen. Man kann, wenn man will, in verschiedenen Teilen Europas die letzten zwei- oder dreitausend Jahre durchwühlen und für die meisten von ihnen plausible Vorläufer finden. Viele versuchen es. Das Athen des 5. Jahrhunderts bietet in dieser Hinsicht meist eine brauchbare Quelle, vorausgesetzt, man ist willens, nahezu alles, was sich zwischen damals und vielleicht 1215 oder gar 1776 zugetragen hat, unbeachtet zu lassen oder darüber hinwegzusehen. So in etwa gehen die meisten konventionellen Lehrbücher vor. Huntington ist ein bisschen subtiler. Er behandelt Griechenland und Rom als eigenständige »klassische Zivilisation«, die sich dann in ein östliches (griechisches) und westliches (lateinisches) Christentum – und später natürlich den Islam – aufspaltet. Als die westliche Kultur ihren Anfang nimmt, ist sie mit der lateinischen Christenheit identisch. Nach den Umwälzungen durch Reformation und Gegenreformation verliert die Kultur jedoch ihre religiöse Besonderheit und verwandelt sich in etwas Allgemeineres, das im Grunde genommen sekulär ist. Dennoch entsprechen seine Schlussfolgerungen in vielem den konventionellen Lehrbüchern, weil Huntington auch darauf besteht, dass die westliche Tradition von Anfang an in »weit stärkerem« Maße das Erbe der Ideen der klassischen Zivilisation angetreten habe als ihre orthodoxen und islamischen Rivalen.

Nun gibt es tausend Möglichkeiten, Huntingtons Position anzugreifen. Seine Auflistung »westlicher Vorstellungen« erscheint besonders willkürlich. Über die Jahre war davon eine beliebige Zahl in Westeuropa im Umlauf, darunter viele, die eine weitaus breitere Anerkennung fanden. Warum also genau diese Auswahl treffen und nicht irgendeine andere? Was sind die Kriterien? Klar, Huntingtons unmittelbares Ziel war es, zu zeigen, dass viele der in Westeuropa und Nordamerika weithin akzeptierten Ideen in anderen Gegenden wahrscheinlich misstrauisch beäugt werden. Aber könnte man selbst noch auf dieser Basis nicht ebenso gut eine völlig andere Liste zusammenstellen, etwa mit dem Argument, die »westliche Kultur« beruhe auf Wissenschaft, Industrialismus, bürokratischer Rationalität, Nationalismus, Rassentheorien und einem unaufhörlichen geografischen Expansionsdrang und dann daraus schlussfolgern, dass der Höhepunkt der westlichen Kultur das Dritte Reich war? (In der Tat würden manche radikale Kritiker*innen des Westens wohl genau so argumentieren.) Doch Huntington blieb selbst nach der geäußerten Kritik hartnäckig bei mehr oder weniger der gleichen willkürlichen Aufstellung (z.B. 1996).

Warum Huntington genau diese Liste angelegt hat, lässt sich, wie mir scheint, allein dann verstehen, wenn wir uns seine Verwendung der Begriffe »Kultur« und »Zivilisation« näher anschauen. Liest man den Text sorgfältig, findet man tatsächlich, dass die Begrifflichkeiten »westliche Kultur« und »westliche Zivilisation« praktisch als Synonyme benutzt werden. Jede Zivilisation hat ihre eigene Kultur. Kulturen wiederum scheinen in erster Linie aus »Ideen«, »Konzepten« und »Werten« zu bestehen. Im Falle des Westens scheinen diese Ideen einst an eine bestimmte Form des Christentums geknüpft gewesen zu sein. Mittlerweile haben sie jedoch eine im Grunde genommen geografische oder nationale Verbreitung gefunden, haben in Westeuropa und seinen englisch- und französischsprachigen Siedlerkolonien Wurzeln geschlagen[3]. Die anderen aufgelisteten Zivilisationen – mit der Ausnahme von Japan – sind nicht nach geografischen Kategorien festgelegt. Es sind weiterhin Religionen: die islamische, konfuzianische, buddhistische, hinduistische und christlich-orthodoxe Zivilisation. Schon das ist ein wenig verwirrend. Warum sollte der Westen um 1520 aufhören, primär nach religiösen Begriffen definiert zu werden (der Tatsache zum Trotz, dass die meisten seiner Bewohner*innen sich weiterhin »Christen« nennen), während bei den anderen alles beim Alten geblieben ist (der Tatsache zum Trotz, dass sich die meisten Chines*innen zum Beispiel gewiss nicht als »Konfuzianer« bezeichnen würden)? Vermutlich deswegen, weil Huntington, um in diesem Bereich folgerichtig zu argumentieren, entweder bestimmte Gruppen aus dem Westen ausschließen müsste, die er lieber behalten möchte (Katholik*innen oder Protestant*innen, Juden und Jüdinnen, Deist*innen, weltliche Philosoph*innen) oder sonst einen Grund präsentieren müsste, warum der Westen aus einer komplexen Mischung von Glaubensvorstellungen und Philosophien bestehen kann, alle anderen Zivilisationen hingegen nicht, ungeachtet der Tatsache, dass eine Untersuchung der Geschichte geografischer Einheiten wie Indien oder China (im Gegensatz zu ausgedachten Gebilden wie dem Hinduismus oder Konfuzianismus) einem exakt diese komplexe Mischung aus Glaubensvorstellungen und Philosophien vor Augen führt.

Es wird noch schlimmer. In einer späteren Klarstellung, »What makes the West Western?« (1996), behauptet Huntington tatsächlich, dass der »Pluralismus« zu den einzigartigen Qualitäten des Westens gehöre.

*»Die westliche Gesellschaft ist historisch gesehen in hohem Maße pluralistisch. Was den Westen charakterisiert, ist, wie*

3 Aber diejenigen nicht, die Spanisch oder Portugiesisch sprechen. Unklar ist, ob Huntington zu einem Urteil über die Buren gekommen ist.

*Karl Deutsch festgestellt hat, ›der Aufstieg und die Dauer verschiedener autonomer Gruppen, die nicht auf Blutsverwandtschaft oder Heirat beruhen.‹ Beginnend mit dem 6. und 7. Jahrhundert, gehörten zu diesen Gruppen anfänglich Klöster, Mönchsorden und Gilden; später jedoch breiteten sie sich in viele Gegenden Europas aus, wo sie eine Vielfalt von anderen Verbänden und Vereinen einschlossen.« (1996: 30, Übers. W. P.)*

Er fährt mit der Erklärung fort, dass zu dieser Vielfalt auch ein Klassenpluralismus (starker Adel), sozialer Pluralismus (repräsentative Körperschaften), sprachliche Vielfalt und so weiter gezählt haben. Dies alles, sagt er, bereitete allmählich die Bühne für die einmalige Komplexität der westlichen Zivilgesellschaft. Es wäre nun leicht, darzulegen, wie lächerlich das alles ist. Man könnte zum Beispiel die Leser*innen daran erinnern, dass der religiöse Pluralismus in China und Indien die meiste Zeit in der jeweiligen Geschichte beider Regionen tatsächlich sehr viel stärker ausgeprägt war als in Westeuropa;[4] die meisten asiatischen Gesellschaften durch eine verwirrende Mannigfaltigkeit von Mönchsorden, Gilden, Kollegien, Geheimgesellschaften, Bruderschaften, Berufs- und Bürgergruppen gekennzeichnet waren; dass keine jemals mit so entschieden westlichen Methoden aufwartete, Uniformität zu erzwingen, wie es der Vernichtungskrieg gegen die Ketzer, die Inquisition oder die Hexenjagd waren. Aber erstaunlich an dem, was Huntington hier macht, ist, dass er ausgerechnet seine kategorielle Ungereimtheit zum bestimmenden Merkmal macht. Zuerst beschreibt er asiatische Zivilisationen in einer Weise, dass sie per definitionem nicht pluralistisch sein können; wenn man sich daraufhin beklagen wollte, dass Menschen, die er als »den Westen« zusammenfasst, überhaupt keine gemeinsamen Merkmale aufzuweisen scheinen – keine gemeinsame Sprache, Religion, Philosophie

4 So war es beispielsweise nicht sonderlich bemerkenswert, wenn ein Hofbeamter der Ming in seiner Jugend Taoist war, in seinen mittleren Jahren Konfuzianer wurde und, wenn er in den Ruhestand trat, Buddhist. Dazu finden sich selbst heute im Westen schwerlich Parallelen.

oder Regierungsform –, könnte Huntington einfach erwidern, dass dieser Pluralismus das definitive Kennzeichen des Westens *ist*. Es ist der perfekte Zirkelschluss.

Meistens ist Huntingtons Argumentationsweise bloß typischer altmodischer Orientalismus: Die europäische Zivilisation wird ihrem Wesen nach als dynamisch, »der Osten«, zumindest stillschweigend, als stagnierend, zeitlos und monolithisch dargestellt. Worauf ich die Aufmerksamkeit eigentlich lenken möchte, ist jedoch, wie unzusammenhängend Huntingtons Vorstellung von »Zivilisation« und »Kultur« wirklich ist. Das Wort »Zivilisation« kann schließlich auf zwei ganz und gar unterschiedliche Weisen benutzt werden. Es kann Verwendung finden, um auf eine Gesellschaft hinzuweisen, deren Menschen in Städten leben, so wie ein*e Archäolog*in vielleicht vom Industal spricht. Oder es kann Raffinement, Vollendung, kulturelle Errungenschaft bedeuten. Kultur hat im Großen und Ganzen die gleiche Doppelbedeutung. Man kann den Begriff in seiner anthropologischen Bedeutung verwenden, wenn er auf Gefühlsstrukturen, symbolische Codes verweist, die die Angehörigen einer gegebenen Kultur, während sie heranwachsen, in sich aufnehmen und die in jedem Aspekt ihres Alltagslebens aufscheinen: die Art und Weise, wie die Leute reden, essen, heiraten, gestikulieren, Musik spielen und so weiter. Um Bourdieus Terminologie zu verwenden: Man könnte diese Kultur als Habitus bezeichnen. Alternativ dazu könnte man das Wort gebrauchen, um sich auf das zu beziehen, was auch »Hochkultur« genannt wird: die besten und profundesten Hervorbringungen einer bestimmten künstlerischen, literarischen oder philosophischen Elite. Dass Huntington darauf besteht, den Westen anhand seiner bemerkenswertesten und kostbarsten Vorstellungen – wie Freiheit und Menschenrechte – zu definieren, lässt vermuten, dass es bei beiden Begriffen vor allem jeweils letztere Bedeutung ist, an die er denkt. Müsste man »Kultur« im anthropologischen Sinn definieren, so wären schließlich die heutigen Griech*innen und nicht die heutigen Engländer*innen oder Französinnen und Franzosen klarerweise die direktesten Erben der antiken Griech*innen. Wohingegen in Huntingtons System die modernen Griech*innen sich vom Westen vor über 1500 Jahren trennten, als sie sich der falschen Variante des Christentums zuwandten.

Kurz gesagt, wenn der Begriff der »Zivilisation«, wie er von Huntington benutzt wird, wirklich einen Sinn ergeben sollte, müssten Zivilisationen grundsätzlich als Traditionen von Leuten aufgefasst werden, die jeweils gegenseitig ihre Bücher lesen. Nur aus einem einzigen Grund lässt sich sagen, Napoleon oder Disraeli seien eher die Erben von Platon oder Thukydides als ein griechischer Schäfer ihrer Tage: Beide Männer dürften Platon und Thukydides mit mehr Wahrscheinlichkeit gelesen haben. Die westliche Kultur ist nicht nur eine Ansammlung von Ideen; sie ist eine Ansammlung von Ideen, die in Lehrbüchern verbreitet und in Hörsälen, Cafés oder literarischen Salons debattiert werden. Wäre sie das nicht, so wäre nur schwer vorstellbar, wie man es am Ende mit einer Zivilisation zu tun haben könnte, die im alten Griechenland beginnt, an das antike Rom übergeht, in der mittelalterlichen katholischen Welt halblebendig überdauert, in der italienischen Renaissance wiederbelebt wird und dann hauptsächlich an jene Länder weitergereicht wird, die an den Nordatlantik grenzen. Es ließe sich auch unmöglich erklären, warum für die meiste Zeit ihrer Geschichte »westliche Konzepte« wie Menschenrechte und Demokratie nur *in potentia* existierten. Wir könnten sagen: Das ist eine literarische und philosophische Tradition, ein Haufen Ideen, der erstmals im antiken Griechenland gedacht, dann durch Bücher, Vorträge und Seminare über mehrere tausend Jahre weitervermittelt wurde, mit ihnen nach Westen trieb, bis ihr liberales und demokratisches Potenzial vor ein oder zwei Jahrhunderten in einigen wenigen Ländern, die an den Atlantik grenzen, voll zur Geltung kam. Sobald sie erst einmal in neuen demokratischen Institutionen fest beheimatet waren, begannen sie den gesunden gesellschaftlichen und politischen Menschenverstand gewöhnlicher Bürger*innen zu infiltrieren. Schließlich schrieben ihnen ihre Befürworter*innen universellen Status zu und versuchten sie der restlichen Welt aufzunötigen. Aber hier stoßen sie an ihre Grenzen, weil sie letztlich nicht in Bereiche vordringen können, wo es gleichermaßen mächtige, rivalisierende Textüberlieferungen gibt – die auf Koran-Gelehrsamkeit oder den Lehren des Buddha beruhen und andere Konzepte und Werte vertreten.

Intellektuell zumindest wäre diese Position folgerichtig. Man könnte sie die Zivilisationstheorie der Großen Bücher nennen. In gewisser Hinsicht ist das überzeugend. So ließe sich sagen, zum Westen zu gehören hat nichts mit Habitus zu tun. Es geht dabei nicht um das tiefsitzende, verkörperte Verständnis der Welt, das in der Kindheit erlangt wird – das bestimmte Menschen zu Oberschichtsengländerinnen, andere zu bayerischen Bauernbuben oder italienischen Kids aus Brooklyn macht. Der Westen ist da schon eher jene literarisch-philosophische Tradition, in die alle von ihnen, zumeist als Heranwachsende, initiiert werden – obgleich manche Elemente dieser Tradition nach und nach sicherlich geistiges Allgemeingut werden. Würde Huntington dieses Modell konsequent anwenden, stünde er vor dem Problem, damit seine These kaputtzumachen. Wenn Zivilisationen nicht zutiefst verkörpert sind, warum sollte dann eine Frau der peruanischen Oberschicht oder ein Bauernjunge aus Bangladesch nicht fähig sein, den gleichen Bildungsweg einzuschlagen und genau so westlich zu werden wie alle anderen? Aber das ist genau das, was Huntington zu verneinen versucht.

Mit dem Ergebnis, dass er gezwungen ist, fortwährend zwischen den beiden Bedeutungen von »Zivilisation« und den beiden Bedeutungen von »Kultur« hin- und herzuschlittern. Meist wird der Westen durch seine hehrsten Ideale definiert. Manchmal jedoch ist es eine fortbestehende institutionelle Struktur – beispielsweise all jene frühmittelalterlichen Gilden und Mönchsorden, die nicht durch die Lektüre von Platon und Aristoteles inspiriert worden zu sein scheinen, sondern alle ohne fremdes Zutun aus dem Boden schossen. Manchmal wird der westliche Individualismus als abstraktes Prinzip behandelt, gewöhnlich unterdrückt, eine Idee, die in alten Texten aufgehoben ist, aber gelegentlich sich aus Dokumenten wie der Magna Charta herauszulinsen traut. Manchmal wird er als ein tief im Volk verwurzeltes Einvernehmen behandelt, das Menschen, die in einer anderen kulturellen Tradition aufgewachsen sind, niemals intuitiv einsichtig wäre.

Nun habe ich, wie schon gesagt, Huntington hauptsächlich deswegen gewählt, weil er so ein leichtes Ziel ist. Die Argumentation in *The Clash of Civilizations* ist ungewöhnlich schludrig.[5] Prompt haben Kritiker*innen das meiste von dem, was er über nicht-westliche Zivilisationen zu sagen hatte, attackiert. Sie mögen sich an diesem Punkt zu Recht fragen, warum ich mich damit abgebe, so viel Zeit mit ihm zu verschwenden. Der Grund ist der, dass Huntingtons These, zum Teil gerade weil sie so plump ist, die Zusammenhangslosigkeit in Annahmen erkennen lässt, die fast alle teilen. Keine*r seiner Kritiker*innen hat meines Wissens die Idee in Frage gestellt, wonach ein einheitliches Gebilde existiert, das man als »den Westen« bezeichnen kann, und dass es gleichermaßen als literarische Tradition, die ihren Ursprung im alten Griechenland hat, und als die Kultur nüchterner, realitätsbewusster Menschen, die heute in Westeuropa und Nordamerika leben, betrachtet werden kann. Auch die Annahme, dass Konzepte wie Individualismus und Demokratie dafür irgendwie typisch sind, bleibt unangefochten. All das wird einfach als Diskussionsgrundlage für selbstverständlich gehalten. Manche gehen noch weiter und feiern den Westen als Geburtsstätte der Freiheit. Andere prangern ihn als eine Quelle imperialistischer Gewalt an. Aber es ist fast unmög-

5 Manche seiner Statements sind so ungeheuerlich (zum Beispiel die offensichtliche Behauptung, wonach Traditionen wie der Islam, Buddhismus und Konfuzianismus im Gegensatz zum Westen keinen Anspruch auf universelle Wahrheiten erheben, oder, im Gegensatz zum Islam, die westliche Tradition auf einer Gesetzesmanie beruht), dass man sich wundert, wie ein seriöser Wissenschaftler sie überhaupt machen konnte.

lich, unter Linken wie Rechten politische oder philosophische oder soziale Denker*innen zu finden, die daran zweifelten, dass sich über »die westliche Tradition« überhaupt bedeutsame Dinge sagen ließen. Viele der radikalsten scheinen in der Tat zu denken, dass es unmöglich sei, über etwas anderes bedeutsame Dinge zu sagen.[6]

## Eingeschobene Bemerkungen: Über die Unzuverlässigkeit des westlichen Blicks

Ich vermute, dass sich die ganze Konzeption des Westens auf ein anhaltendes Verschwimmen der Trennungslinie zwischen Textüberlieferungen und Formen alltäglicher Praxis gründet. Ein besonders anschauliches Beispiel: In den 1920er-Jahren schrieb ein französischer Philosoph namens Lucien Lévy-Bruhl eine Reihe von Büchern, in denen er ausführte, dass viele der von Anthropolog*innen studierten Gesellschaften eine »prälogische Mentalität« bekundeten (1922 etc.). Wo moderne Bewohner*innen des Westens sich eines logisch-experimentellen Denkens bedienten, wendeten, so seine Argumentation, ›Primitive‹ grundlegend andere Prinzipien an. Die ganze These braucht hier nicht ausgebreitet zu werden. Alles, was Lévy-Bruhl über primitive Logik sagte, kam fast augenblicklich unter Beschuss, und heute gilt seine Ansicht als völlig diskreditiert. Doch seine Kritiker*innen haben im Allgemeinen nicht darauf hingewiesen, dass er Äpfel mit Birnen verglich. Im Prinzip trug er die rätselhaftesten rituellen Äußerungen oder überraschende Reaktionen auf ungewöhnliche Umstände zusammen, die er den Beobachtungen europäischer Missionare

6 Tatsächlich kann man feststellen, dass einige der Autor*innen, die ansonsten Huntingtons schärfste Gegner*innen sind, sogar noch weiter gehen und die Ansicht vertreten, dass Liebe zum Beispiel ein »westliches Konzept« sei, das deshalb keine Verwendung finden könne, wenn von Menschen in Indonesien oder Brasilien die Rede ist.

und Kolonialbeamter in Afrika, Neuguinea und ähnlichen Gegenden entnehmen konnte, und versuchte, daraus eine Logik zu extrapolieren. Dieses Material verglich er dann nicht mit ähnlichen, in Frankreich oder irgendeinem anderen westlichen Land gesammelten Daten, sondern vielmehr mit einer ganz und gar idealisierten Vorstellung davon, wie Westler*innen sich verhalten sollten, die auf philosophischen und wissenschaftlichen Texten beruhte (zweifellos untermauert durch Beobachtungen über das Verhalten von Philosophen*innen und anderen Akademiker*innen, während sie über solche Texte diskutieren). Die Ergebnisse sind offenkundig absurd – wir alle wissen, dass einfache Leute keine aristotelischen Syllogismen und experimentellen Methoden auf ihre alltäglichen Angelegenheiten anwenden –, aber es macht den besonderen Zauber dieses Schreibstils aus, dass man nie gezwungen wird, sich damit auseinanderzusetzen.

Weil diese Art des Schreibens tatsächlich auch die weiteste Verbreitung genießt. Wie funktioniert dieser Zauber? Großenteils dadurch, dass die Leser*innen dazu gebracht werden, sich mit einem Menschen von unspezifizierten Qualitäten zu identifizieren, der ein Rätsel zu lösen versucht. Man sieht es in der westlichen philosophischen Tradition, namentlich beginnend mit den Werken von Aristoteles, die, verglichen mit entsprechenden Werken in anderen philosophischen Traditionen (die selten mit Denker*innen beginnen, die derart aus dem Zusammenhang gerissen erscheinen), uns den Eindruck vermitteln, dass das Universum gestern erst geschaffen wurde, was die Kenntnis früherer Zeiten und Traditionen als unnötig erscheinen lässt. Sogar noch stärker ist die Tendenz, einen mit der Stimme der praktischen Vernunft [*common sense*] sprechenden Erzähler zu präsentieren, der mit irgendwelchen exotischen Praktiken konfrontiert wird – das ermöglicht beispielsweise den heutigen Deutschen, die *Germania* des Tacitus zu lesen und sich automatisch mit der Perspektive des römischen Erzählers zu identifizieren, statt mit der ihrer germanischen Vorfahren[7], und es ermöglicht italienischen Atheisten, den Bericht eines anglikanischen Missionars über irgendein Ritual in Zimbabwe zu lesen, ohne jemals über die Hingabe dieses Beobachters an bizarre Teerituale oder die Lehre von der Transsubstantiation nachdenken zu müssen. Daher kann also die gesamte Geschichte des Westens als eine Geschichte von »Erfindungen« und »Entdeckungen« aufgefasst werden. Vor allem hat man es mit der Tatsache zu tun, dass man, genau dann, wenn man tatsächlich einen Text zu diesen Fragen zu schreiben beginnt, wie ich das jetzt gerade mache, quasi Teil des Kanons und der Tradition wird, die von überwältigender Zwangsläufigkeit zu sein scheinen.

Mehr als irgendetwas sonst ist das »westliche Individuum« bei Lévy-Bruhl, aber auch bei den meisten zeitgenössischen Anthropolog*innen exakt jener gesichtslose rationale Beobachter, ein sorgfältig von jedem individuellen oder gesellschaftlichen Inhalt gesäubertes, körperloses Auge, als das wir uns ausgeben sollen, wenn wir in bestimmten Prosagenres schreiben. Zu all den Menschen, die je existiert haben, erwachsen geworden sind, geliebt und gehasst wurden und sich für etwas eingesetzt haben, steht er in keinem engen Verhältnis. Er ist eine reine Abstraktion. Das alles zu erkennen, bringt Anthropolog*innen in eine schreckliche Situation: Wenn das »westliche Individuum« gar nicht existiert, was genau ist dann unser Vergleichspunkt?

Für jene allerdings, die diese Gestalt als Träger der »Demokratie« sehen möchten, scheint mir dies obendrein ein noch schlimmeres Problem zu schaffen. Wenn Demokratie Selbstverwaltung auf Gemeindeebene bedeutet, dann ist das westliche Individuum ein Akteur, der bereits von allen Verknüpfungen mit der Gemeinschaft befreit ist. Zwar ist es möglich, sich diesen relativ nichtssagenden, rationalen Beobachter als Protagonisten

7 Oder einem Franzosen, Poseidonios' Bericht über das alte Gallien zu lesen und sich mit der Sichtweise eines antiken Griechen zu identifizieren (jemandem, den er, wenn er ihm tatsächlich begegnet wäre, wahrscheinlich zuerst für einen Araber oder etwas in der Art gehalten hätte).

bestimmter Formen der Marktwirtschaft vorzustellen, doch aus ihm (und er gilt, wenn nicht anderweitig spezifiziert, als Mann) einen Demokraten zu machen, scheint nur möglich zu sein, wenn man die Demokratie selbst als eine Art Markt definiert, den die Akteure mit wenig mehr als einer Reihe wirtschaftlicher Interessen, denen sie nachgehen wollen, betreten. Das ist selbstverständlich die Vorgehensweise, wie sie von der Theorie der rationalen Wahl [*rational choice theory*] vertreten wird, und man könnte sagen, dass sie in gewisser Weise in den vorherrschenden Herangehensweisen an die demokratische Entscheidungsfindung, die wir seit Rousseau in der Literatur finden, bereits impliziert ist, denn diese neigen dazu, Deliberation[8] lediglich als Interessenausgleich zu sehen und weniger als einen Prozess, durch den die Subjekte selbst konstituiert oder geformt werden (Manin 1994).[9] Es fällt sehr schwer, eine solche von jeder konkreten Gemeinschaft losgelöste Abstraktion ein Gespräch beginnen und einen Kompromiss eingehen zu sehen, wie sie lediglich in der abstraktesten Form des demokratischen Prozesses, z.B. der regelmäßigen Teilnahme an Wahlen, nicht erforderlich sind.

## Neu konfigurierte Weltsysteme

Die Leser*innen mögen sich berechtigterweise die Frage stellen: Wenn »der Westen« eine bedeutungslose Kategorie ist, wie können wir dann über dergleichen Dinge sprechen? Es scheint mir, dass wir einen kompletten Satz an neuen Kategorien brauchen.

Dies ist kaum der Ort, sie zu entwickeln, aber ich habe an anderer Stelle (in diesem Buch, S. 53ff.) darauf hingewiesen,

8 »Deliberation« hat im Englischen, im Gegensatz zum Deutschen, Einzug in die Alltagssprache gefunden. Damit wird eine öffentliche (hier vielleicht: populare) Erwägung und Beratschlagung bezeichnet. (Anm. d. Verl.)

9 Deshalb übrigens hegen klassische griechische Philosophen der Demokratie gegenüber ein solches Misstrauen: weil sie, wie sie behaupteten, nicht die Tugendhaftigkeit lehrte.

dass es eine ganze Reihe von Begriffen gibt – es fängt mit dem Westen an, schließt aber auch Termini wie »Modernität« ein –, die praktisch ein Ersatz für das Denken sind. Schaut man sich entweder Zusammenballungen städtischer Kultur an oder Gegenden, wo sich literarisch-philosophische Traditionen konzentrieren, fällt es schwer, sich dem Eindruck zu entziehen, dass Eurasien die meiste Zeit seiner Geschichte in drei Zentren unterteilt war: ein östliches System mit Mittelpunkt in China, ein südasiatisches in Indien und eine westliche Zivilisation im heute sogenannten »Nahen Osten«, die sich manchmal weiter, manchmal weniger weit in den Mittelmeerraum hinein erstreckte.[10] Was Weltsysteme angeht, so scheinen Europa und Afrika fast das ganze Mittelalter hindurch in nahezu exakt dem gleichen Verhältnis zu den Kernstaaten Mesopotamiens und der Levante gestanden zu haben: Sie waren klassische ökonomische Peripherien, die Fertigprodukte einführten und Rohmaterialien wie Gold und Silber und bezeichnenderweise große Mengen von Versklavten lieferten. (Nach dem Aufstand afrikanischer Versklavter in Basra 868–883 u. Z. scheint das Abbasiden-Kalifat stattdessen mit dem Import von Europäer*innen begonnen zu haben, da sie als fügsamer und gelehriger galten.) Auch kulturell waren Europa und Afrika in dieser Epoche die meiste Zeit noch Peripherie.

Der Islam ähnelt dem, was später »die westliche Tradition« heißen würde, in so vieler Hinsicht – die intellektuellen Bestrebungen, das jüdisch-christliche Schrifttum mit den Kategorien griechischer Philosophie zu verschmelzen, die literarische Betonung der höfischen Liebe, der wissenschaftliche Rationalismus, die starke Betonung des Gesetzes, ein puritanischer Monotheismus, der missionarische Impuls, der expansionistische Handelskapitalismus, sogar die regelmäßig wiederkehrenden Wellen der

10 Diese Schlussfolgerung hat, wo von Weltsystemen die Rede ist, durchaus ihre Vorgänger: Was ich beschreibe korrespondiert zum Beispiel mit dem von David Wilkinson (1985) geprägten Begriff der »Zentralen Zivilisation«.

Faszination mit »östlicher Mystik« –, dass nur sehr tiefsitzende historische Vorurteile europäische Historiker*innen gegenüber der Folgerung, dass dies genau genommen die westliche Tradition sei, blind gemacht haben können; was bedeutet, dass die Islamisierung eine Form der Verwestlichung war und weiterhin ist; dass die Bewohner der barbarischen Reiche des europäischen Mittelalters dem, was wir heute »den Westen« nennen, erst dann ähnlich zu werden begannen, als sie sich selbst stärker dem Islam annäherten.

Wenn dem so ist, sollte man das, was wir gewohnheitsmäßig »den Aufstieg des Westens« nennen, im Sinne von Weltsystemen wohl besser als Entstehung des »Nordatlantiksystems« begreifen, wie Michel-Rolph Trouillot (2003) es genannt hat, das allmählich die mediterrane Semiperipherie ablöste und als eigene Weltwirtschaft in Erscheinung trat, der anderen älteren Weltwirtschaft Konkurrenz machend, die sich auf die kosmopolitischen Gesellschaften am Indischen Ozean gestützt hatte, bevor es sich diese schrittweise, in einem langsamen, schmerzlichen Prozess einverleibte. Dieses nordatlantische System wurde durch nahezu unvorstellbare Katastrophen geschaffen: die Zerstörung ganzer Zivilisationen, Massenversklavung, den Tod von mindestens hundert Millionen Menschen. Es brachte auch seine eigenen Formen von Kosmopolitismus hervor, mit einer Verschmelzung afrikanischer, indigen-nordamerikanischer und europäischer Traditionen, die noch nicht zu Ende ist. Ein großer Teil der Geschichte des zur See fahrenden nordatlantischen Proletariats wird jetzt erst allmählich rekonstruiert (Gilroy 2004; Sakolsky & Koehnline 1993; Rediker 1981, 1990; Linebaugh & Rediker 2008 etc.). Es ist eine Geschichte von Meutereien, Pirat*innen, Rebellionen, Flucht, experimentellen Gemeinschaften und allen möglichen antinomistischen und populistischen Ideen, weitgehend zum Schweigen gebracht in den üblichen Berichten, das meiste davon für immer verloren, und doch scheint das alles eine entscheidende Rolle bei vielen der radikalen Ideen gespielt zu haben, denen später das Etikett

»Demokratie« zugesprochen wurde. Aber ich greife vor. Für den Augenblick möchte ich lediglich betonen, dass wir es weniger mit einer Geschichte von »Kulturen« zu tun haben, die sich aufgrund irgendeines Herder'schen oder hegelianischen inneren Entfaltungsprozesses entwickelt haben, als mit Gesellschaften, die gründlich miteinander verstrickt sind.

# Teil II: Die Demokratie wurde nicht erfunden

Ich habe diesen Aufsatz mit dem Vorschlag begonnen, man könne eine Geschichte der Demokratie auf zweierlei Art schreiben. Man kann entweder eine Geschichte des Wortes »Demokratie« schreiben und dabei mit dem antiken Athen beginnen, oder man kann eine Geschichte jener Art egalitärer Verfahren der Entscheidungsfindung schreiben, die man in Athen als »demokratisch« zu bezeichnen begann.

Normalerweise neigen wir zu der Annahme, dass beide quasi identisch seien, weil nach gängiger Meinung die Demokratie – wie auch die Wissenschaft oder die Philosophie – im alten Griechenland erfunden wurde. So wie es aussieht, ist das eine seltsame Behauptung. Egalitäre Gemeinschaften haben während der gesamten menschlichen Geschichte existiert – viele davon sehr viel egalitärer als das Athen des 5. Jahrhunderts –, und sie alle kannten Verfahrensweisen, um in Angelegenheiten von kollektiver Bedeutung zu einer Entscheidung zu gelangen. Oft bedeutete das, jede*n zur gemeinsamen Debatte zu rufen, bei der alle Gemeinschaftsmitglieder zumindest theoretisch das gleiche Sagen hatten. Und doch heißt es irgendwie immer, dass diese Verfahren streng genommen nicht »demokratisch« gewesen sein können.

Der Hauptgrund, warum diese Argumentation intuitiv einzuleuchten scheint, liegt darin, dass es bei diesen anderen Versammlungen selten wirklich zu Abstimmungen kam. Fast ausnahmslos bedienten sie sich irgendeiner Form der Konsensfindung. Nun, das ist an sich interessant. Wenn wir den Gedanken akzeptieren, dass es wirklich keine so unvorstellbar ausgeklügelte Idee ist, durch Handheben abzustimmen oder alle, die dafür sind, auf die eine Seite des Platzes, und alle, die dagegen sind, auf die andere treten zu lassen, als dass irgendein antikes

Genie diese Methoden hätte »erfinden« müssen, warum werden sie dann so selten angewandt? Warum zogen Gemeinschaften ausnahmslos die offenkundig sehr viel schwierigere Aufgabe vor, einhellige Entscheidungen zu treffen?

Ich möchte die folgende Erklärung vorschlagen: Es ist in einer Gemeinschaft, in der jede*r jede*n persönlich kennt, viel leichter herauszubekommen, was die meisten Mitglieder dieser Gemeinschaft tun wollen, als herauszufinden, wie man die Ansichten derjenigen ändern kann, die das nicht wollen. Konsensfindung ist für Gesellschaften typisch, in denen es keine Möglichkeit gibt, eine Minderheit dazu zu zwingen, sich einer Mehrheitsentscheidung anzuschließen; entweder, weil es keinen Staat gibt, der das Monopol zur Gewaltausübung hat, oder weil der Staat kein Interesse an lokalen Entscheidungsfindungen hat oder dazu tendiert, sich nicht einzumischen. Wenn es keine Möglichkeit gibt, diejenigen, denen ein Mehrheitsentscheid zuwider ist und ihn nicht annehmen wollen, dazu zu zwingen, dann ist Abstimmen das Letzte, was man tun würde: ein öffentlicher Wettbewerb, der sichtbare Verlierer*innen hinterlässt. Eine solche Wahl wäre die nächstliegende Methode, um jene Arten von Erniedrigungen, Ressentiments, Hassgefühlen zu garantieren, welche unweigerlich zur Zerstörung von Gemeinschaften führen. Wie alle Aktivist*innen, die ein *Facilitation*-Training der heutigen *direct action groups* mitgemacht haben, uns sagen können, ist ein Konsensfindungsprozess nicht das Gleiche wie eine Parlamentsdebatte. Konsensfindung hat auch keinerlei Ähnlichkeiten mit einer Abstimmung. Vielmehr haben wir es mit einem Prozess zu tun, der mittels Kompromiss und Synthese Entscheidungen herbeiführen soll, die niemand so brutal kritikwürdig findet, dass sie wenigstens von allen gebilligt werden.

Soll sagen, dass hier zwei Ebenen, die wir gewöhnlich unterscheiden – Entscheidungsfindung und ihre Durchsetzung –, praktisch in eins fallen. Das heißt nicht, dass alle einverstanden sein müssen. Die meisten Konsensformen schließen vielfach abgestufte Formen der Meinungsverschiedenheit ein. Es geht darum, sicher zu stellen, dass niemand mit dem Gefühl nach Hause geht, die eigenen Ansichten wären völlig unbeachtet geblieben, und daher auch jene, die meinen, die Gruppe habe eine schlechte Entscheidung getroffen, bereit sind, ihr passives Einverständnis zu geben.

Eine Mehrheitsdemokratie, könnte man sagen, kann nur entstehen, wenn zwei Faktoren zusammenkommen:

1.) das Gefühl, dass die Menschen bei Gruppenentscheidungen das gleiche Sagen haben sollten, und
2.) ein Zwangsapparat, der in der Lage ist, diese Entscheidungen durchzusetzen.

Beides auf einmal zu haben, war für die meiste Zeit in der menschlichen Geschichte äußerst ungewöhnlich. Wo es egalitäre Gesellschaften gibt, sieht man es in der Regel als falsch an, systematisch Zwang auszuüben. Wo eine Zwangsmaschinerie existierte, kam es selbst denen, die sie bedienten, nicht in den Sinn, sie würden damit in irgendeiner Weise den allgemeinen Willen der Bevölkerung durchsetzen.

Es ist von offensichtlicher Bedeutung, dass das antike Griechenland eine der am stärksten wettbewerbsorientierten Gesellschaften war, die aus der Geschichte bekannt sind (vgl. die ausführlichere Darstellung oben S. 107f.). Noch größere Bedeutung hatte jedoch die Tatsache, dass Entscheidungen von einer Bevölkerung in Waffen getroffen wurden. Wie das funktionierte, habe ich am Beispiel jener Söldner erläutert, von denen Xenophon in seiner *Anabasis* berichtet. Bei der Abstimmung der Söldner lagen die Kräfteverhältnisse offen, und jede Stimme war in durchaus realem Sinn eine Eroberung. Oder anders ausgedrückt: Entscheidungsfindung und die Mittel der Durchsetzung fielen so gut wie in eins.

Römische Legionen konnten auf ähnliche Weise demokratisch sein; das war der Hauptgrund, warum sie nie die Stadt Rom betreten durften. Und als Machiavelli beim Heraufdämmern der »modernen« Zeit das Konzept einer demokratischen Republik wiederbelebte, kehrte er ohne Umschweife zum Konzept eines Volks in Waffen zurück.

Dies wiederum könnte hilfreich sein, den Begriff »Demokratie« selbst zu erklären, der von seinen elitären Gegner*innen quasi als Beleidigung gemeint war: er bedeutet wörtlich die »Stärke« oder »Macht« oder gar »Gewalt« des Volkes. *Kratos*, nicht *archos*. Immer schon siedelten die elitären Wortschöpfer*innen die Demokratie nicht allzu weit von bloßer Krawallmacherei oder einer Herrschaft des Mobs entfernt an; obgleich für sie selbst die Lösung natürlich in der dauerhaften Unterwerfung des Volkes durch jemand anderen bestand. Und wenn es ihnen gelang, der Demokratie aus diesem Grund Herr zu werden, was ganz normal war, so hatte das ironischerweise zur Folge, dass die einzige Möglichkeit der breiten Bevölkerung, ihren Willen kund zu tun, oft genau darin bestand, einen Krawall zu veranstalten, eine Praxis, die z.B. im kaiserlichen Rom oder im England des 18. Jahrhunderts mehr oder weniger zur Institution wurde.

Eine historische Nachforschung wäre bezüglich der Frage angebracht, in welchem Maße solche Erscheinungen faktisch vom Staat gutgeheißen wurden. Ich beziehe mich hier selbstverständlich nicht auf die buchstäblichen Krawalle, sondern auf etwas, was ich die »hässlichen Spiegelbilder« nennen möchte: Institutionen, die von Eliten gefördert oder unterstützt wurden und die das Gefühl verstärkten, dass populare Entscheidungsfindung nur die gewalttätige, chaotische und willkürliche »Herrschaft des Mobs« sein konnte. Ich hege den Verdacht, dass dergleichen Einrichtungen in autoritären Regimen ziemlich verbreitet sind. Wenn man bedenkt, dass das entscheidende öffentliche Geschehen im demokratischen Athen die *agora* war, während es im autoritären Rom der *circus* war, Veranstaltungen, zu denen sich die Plebs traf, um sich Pferderennen, Gladiatorenkämpfe und Massenhinrichtungen anzuschauen. Solche Spiele wurden entweder direkt vom Staat gefördert, häufiger jedoch von bestimmten Angehörigen der Elite (Veyne

1988; Kyle 1998; Lomar & Cornell 2003). Das Faszinierende besonders an Gladiatorenkämpfen ist, dass sie eine Art popularerer Entscheidungsfindung einbegriffen: Leben wurden genommen oder verschont durch allgemeine Akklamation. Waren die Vorgänge auf der athenischen *agora* dazu vorgesehen, die Würde des *demos* und die Bedachtsamkeit seiner Beratungen zu maximieren – trotz des zugrundeliegenden Zwangselements und einer zeitweiligen Befähigung, erschreckend blutrünstige Entscheidungen zu fällen –, so war der römische *circus* nahezu das exakte Gegenteil davon. Er hatte mehr die Atmosphäre regelmäßiger, vom Staat geförderter Lynchmorde. Fast jede Eigenschaft, die von späteren demokratiefeindlichen Autor*innen gewöhnlich »dem Mob« zugeschrieben wurde – Launenhaftigkeit, offene Grausamkeit, Parteiquerelen (die Anhänger gegnerischer Rennwagenteams lieferten sich regelrechte Straßenschlachten), Heldenverehrung, bizarre Leidenschaften –, wurde im römischen Amphitheater nicht nur toleriert, sondern tatsächlich unterstützt. Es war, als ob eine autoritäre Elite versuchte, dem Publikum fortwährend alptraumhafte Bilder jenes Chaos zu liefern, das die Folge wäre, wenn es die Macht in die eigenen Hände nehmen sollte.

Wenn ich die militärischen Ursprünge der direkten Demokratie so hervorhebe, soll damit nicht gesagt sein, dass populare Versammlungen in mittelalterlichen Städten oder town meetings[11] in New England keine geordneten und würdevollen Veranstaltungen waren; auch wenn zu vermuten steht, dass auch hier in der konkreten Praxis gewisse Mindestanforderungen an die Konsenssuche gestellt wurden. Trotzdem scheinen sie nur wenig dazu beigetragen zu haben, um Angehörige der politischen Eliten von der Idee abzubringen, dass eine populare Herrschaft mehr den Circusvergnügungen und Tumulten im kaiserlichen Rom und Byzanz ähnelte. Dies hatte noch bei den Verfassern der *Federalist Papers*, wie fast alle anderen gebildeten

11 Vgl. oben, S. 109.

Männer ihrer Zeit, seine Gültigkeit (vgl. oben S. 106), in deren Augen die »Demokratie« ihrem Wesen nach die instabilste, chaotischste Regierungsform war, ganz zu schweigen davon, dass sie das Recht von Minderheiten gefährdete (die besondere Minderheit, an die sie dachten, waren in diesem Fall die Reichen). Erst als es gelang, den Begriff »Demokratie« fast völlig umzukrempeln, sodass er auch das Prinzip der Repräsentation beinhaltete – ein Wort, das seinerseits eine sehr seltsame Geschichte hat, da es sich, wie Cornelius Castoriadis (1991; Godbout 2005) anmerkt, ursprünglich auf Repräsentanten des Volks vor dem *König*, faktisch eher inländische Botschafter, bezog, und nicht auf jene, die in irgendeinem Sinne selbst Macht ausübten –, wurde er in den Augen politischer Theoretiker*innen aus gutem Hause rehabilitiert und nahm die Bedeutung an, die er heute hat. Lassen Sie mich im nächsten Abschnitt in aller Kürze darauf eingehen, wie es dazu kam.

# Teil III: Über die Entstehung des »demokratischen Ideals«

Das Bemerkenswerte daran ist, wie lange es gedauert hat. In den ersten drei Jahrhunderten des nordatlantischen Systems bedeutete Demokratie auch weiterhin so viel wie »Mob«. Das traf sogar auf das »Zeitalter der Revolutionen« zu. In nahezu jedem Fall wiesen die Gründer der in heutiger Sicht ersten demokratischen Verfassungen in England, Frankreich und den Vereinigten Staaten jede Andeutung zurück, wonach sie versuchten, die »Demokratie« einzuführen. Wie Francis Dupuis-Déri (1999, 2004) beobachtet hat:

> *»Die Gründer der modernen Wahlsysteme in den Vereinigten Staaten und Frankreich waren offen antidemokratisch. Dieser Antidemokratismus erklärt sich teilweise aus ihrer enormen Belesenheit im literarischen, philosophischen und historischen Schrifttum der griechisch-römischen Antike. Betrachtet man die politische Geschichte, so war es für amerikanische und französische Politiker gemeinhin üblich, sich als direkte Erben der klassischen Zivilisation zu begreifen und zu glauben, dass die gesamte Geschichte hindurch, von Athen und Rom bis Boston und Paris, die gleichen politischen Kräfte in ewigem Kampf gegeneinander antreten würden. Die Gründer stellten sich auf die Seite der republikanischen gegen die aristokratischen und demokratischen Kräfte der Geschichte, und die römische Republik war das politische Modell sowohl für die Amerikaner wie die Franzosen, während die athenische Demokratie ein verachtetes Gegenmodell war.« (Dupuis-Déri 2004: 120, Übers. W. P.).*

In der englischsprachigen Welt zum Beispiel kannten die meisten Gebildeten im späten 18. Jahrhundert die athenische Demokratie hauptsächlich aufgrund der Übersetzung des Thukydides durch Thomas Hobbes. Ihre Schlussfolgerung, dass die Demokratie instabil, turbulent, anfällig für Fraktionskämpfe und

Demagogie und durch eine starke Tendenz zum Despotismus gekennzeichnet sei, war nicht weiter überraschend. Die meisten Politiker*innen standen demnach allem, was nach Demokratie schmeckte, gerade deshalb abweisend gegenüber, *weil* sie sich selbst als Erben dessen sahen, was wir heute »die westliche Tradition« nennen. Das Ideal der römischen Republik war beispielsweise in der amerikanischen Verfassung aufgehoben, deren Gestalter ziemlich bewusst versuchten, Roms »Mischverfassung« nachzuahmen, die einen Ausgleich zwischen monarchischen, aristokratischen und demokratischen Elementen herstellte. John Adams, zum Beispiel, behauptete in seiner *Defense of the Constitution* (1797), dass wahrhaft egalitäre Gesellschaften nicht existierten; dass jede bekannte menschliche Gesellschaft einen obersten Führer habe, eine Aristokratie (ob nun eine auf der Grundlage von Reichtum oder eine »natürliche Aristokratie« auf der Grundlage von Tugendhaftigkeit) und eine Öffentlichkeit und dass die römische Verfassung, was den Ausgleich der jeweiligen Machtverhältnisse betrifft, die vollkommenste war. Die amerikanische Verfassung sollte dieses Gleichgewicht reproduzieren, indem sie das Amt des Präsidenten mit viel Macht ausstattete, einen Senat schuf, der die Reichen, und einen Kongress, der das Volk repräsentieren sollte – obgleich des letzteren Macht großenteils darauf beschränkt wurde, die Verteilung der Steuereinnahmen unter öffentliche Kontrolle zu stellen. Dieses republikanische Ideal liegt allen »demokratischen« Institutionen zugrunde und bis heute weisen viele konservative Denker*innen in Amerika gerne darauf hin, dass »Amerika keine Demokratie ist, sondern eine Republik«.

So waren, wie John Markoff feststellt, »diejenigen, die sich am Ende des 18. Jahrhunderts Demokraten nannten, Parlamenten gegenüber sehr misstrauisch, geradezu feindselig gegen rivalisierende politische Parteien, sie kritisierten geheime Abstimmungen, waren am Frauenwahlrecht nicht interessiert oder standen ihm sogar ablehnend gegenüber und manchmal tolerierten sie auch die Sklaverei« (1999: 661, Übers. W. P.) –

was wiederum nicht sonderlich überraschend ist bei Leuten, die etwas wiederbeleben wollten, mit dem alten Athen als Vorbild.

Zu der Zeit galten ausgemachte Demokraten – Männer wie Tom Paine zum Beispiel – selbst in revolutionären Regimen als eine winzig kleine Minderheit von Unruhestiftern. Die Dinge begannen sich erst im Lauf des nächsten Jahrhunderts zu ändern. Als in den Vereinigten Staaten in den ersten Jahrzehnten des 19. Jahrhunderts das Wahlrecht auf weitere Kreise ausgedehnt wurde und Politiker sich immer mehr genötigt sahen, sich um die Stimmen der kleinen Bauern und städtischen Arbeiter zu bemühen, begannen einige, die Bezeichnung zu übernehmen. Andrew Jackson machte es vor. Er begann in den 1820er-Jahren, von sich als einem Demokraten zu sprechen. Binnen zwanzig Jahren taten es ihm fast alle politischen Parteien, nicht nur populistische, sondern selbst die konservativsten, gleich. In Frankreich begannen Sozialist*innen in den 1830er-Jahren, »Demokratie« zu fordern, mit ähnlichen Ergebnissen: innerhalb von zehn oder fünfzehn Jahren wurde der Ausdruck auch von gemäßigten und konservativen Republikaner*innen verwendet, die mit ihnen um Wahlergebnisse wetteifern mussten (Dupuis-Déri 1999, 2004). Der gleiche Zeitraum erlebte eine dramatische Neubeurteilung Athens, das man – und wieder lagen die Anfänge in den 1820er-Jahren – als Verkörperung eines edlen Ideals öffentlicher Partizipation darzustellen begann, hingegen nicht mehr als Alptraum einer gewalttätigen Massenpsychologie (Saxonhouse 1993). Das geschah allerdings nicht, weil alle Welt an diesem Punkt die direkte Demokratie nach athenischer Art befürwortet hätte, auch nicht auf lokaler Ebene (man gibt sich einer Einbildung hin, wenn man meint, dass eine Rehabilitierung Athens gerade dadurch möglich wurde). Meistens setzten Politiker*innen das Wort »Demokratie« fortan an die Stelle von »Republik«, ohne dass sich an der Bedeutung etwas geändert hätte. Ich vermute, dass die neue positive Bewertung Athens mehr mit der öffentlichen Begeisterung über die damaligen Ereignisse in Griechenland zu tun hatte als mit sonst etwas: insbesondere mit dem Unabhängigkeitskrieg gegen das Osmanische Reich zwischen 1821 und 1829. Schwerlich konnte man darin etwas anderes erkennen als die Neuauflage des Zusammenstoßes zwischen dem Perserreich und griechischen Stadtstaaten in der Erzählung Herodots, einer Art Gründungsurkunde für den Gegensatz zwischen einem freiheitsliebenden Europa und dem despotischen Osten, und der Wechsel des Bezugsrahmens von Thukydides zu Herodot konnte natürlich dem Image von Athen nur zugute kommen.

Als Romanciers wie Victor Hugo und Dichter*innen wie Walt Whitman für die Demokratie als schönes Ideal zu werben begannen – was nicht lange auf sich warten ließ –, bezogen sie sich jedoch nicht auf elitäre Wortspielereien, sondern auf die in der Bevölkerung verbreitete Stimmung, die Kleinbäuer*innen und städtische Arbeiter*innen dazu gebracht hatte, dem Begriff von Anfang an mit Wohlwollen entgegenzusehen, auch wenn die politische Elite ihn noch weitgehend als Schimpfwort benutzte. Anders ausgedrückt, das »demokratische Ideal« entsprang nicht der literarisch-philosophischen Tradition des Westens. Es wurde ihr eher aufgezwungen. Genau genommen kam die Vorstellung, dass Demokratie ein entschieden »westliches« Ideal sei, erst viel später auf. Fast das ganze 19. Jahrhundert hindurch, als sich die Europäer*innen »dem Osten« oder »dem Orient« gegenüber abgrenzten, taten sie dies klipp und klar als »Europäer«, nicht als »Bewohner des Westens«.[12] Von wenigen Ausnahmen abgesehen bezog sich »der Westen« auf Amerika. Erst in den 1890er-Jahren, als die Europäer*innen anfingen, die Vereinigten Staaten als einen ebenbürtigen Teil der gleichen Zivilisation anzusehen, setzt sich der heutige Sprachgebrauch allmählich durch (GoGwilt 1995; Lewis & Wigen 1997: 49–62). Huntingtons »westliche Zivilisation« kommt sogar noch spä-

12 Ein Grund, warum das oft übersehen wird, ist, dass Hegel einer der Ersten war, der »den Westen« im modernen Sinn benutzte; und Marx folgte ihm häufig darin. Zur damaligen Zeit jedoch war dieser Gebrauch höchst ungewöhnlich.

ter: dieser Begriff kam erstmals an amerikanischen Universitäten in den Jahren nach dem Ersten Weltkrieg in Gebrauch (Federici 1995: 67), zu einer Zeit, als deutsche Intellektuelle sich schon in eine Debatte verstrickt hatten, ob sie überhaupt zum Westen gehörten. Im Lauf des 20. Jahrhunderts erwies sich das Konzept einer »westlichen Zivilisation« als maßgeschneidert für ein Zeitalter, das die allmähliche Auflösung kolonialer Reiche erlebte, gelang es doch, die früheren kolonialen Metropolen mit ihren reichsten und mächtigsten Siedlerkolonien in einen Topf zu werfen, zugleich auf der gemeinsamen Moral und intellektuellen Überlegenheit zu bestehen und jede Vorstellung aufzugeben, dass sie unbedingt Verantwortung trügen, irgendwen sonst zu »zivilisieren«. Die besondere Spannung, die in Wortverbindungen wie »westliche Wissenschaft«, »westliche Freiheiten« oder »westliche Konsumgüter« offensichtlich wird – spiegeln sich darin universelle Wahrheiten wider, die alle Menschen anerkennen sollten? Oder sind es die Produkte einer Tradition unter vielen? –, scheint direkt von den Zweideutigkeiten der historischen Epoche herzurühren. Die sich ergebende Formulierung ist, wie ich angemerkt habe, so voller Widersprüche, dass man nur schwer begreift, wie sie zustande kommen konnte, außer um ein besonderes historisches Bedürfnis zu stillen.

Untersucht man diese Begriffe genauer, wird jedoch augenfällig, dass all diese »westlichen« Objekte Produkte unaufhörlicher Verwicklungen sind. Die »westliche Wissenschaft« setzte sich flickwerkartig aus den auf vielen Kontinenten gemachten Entdeckungen zusammen und wird mittlerweile hauptsächlich von Nicht-Westler*innen gemacht. »Westliche Konsumgüter« wurden zu allen Zeiten aus Materialien gewonnen, die aus der ganzen Welt stammten; viele ahmten ausdrücklich asiatische Produkte nach, und heutzutage werden alle in China hergestellt. Können wir das Gleiche von den »westlichen Freiheiten« sagen?

Wahrscheinlich können die Leser*innen meine Antwort erraten.

# Teil IV: Rekuperation

In Debatten über die Ursprünge des Kapitalismus ist einer der hauptsächlichen Streitpunkte, ob der Kapitalismus – bzw. der Industriekapitalismus – zuerst in europäischen Gesellschaften entstanden ist oder ob er nur im Kontext eines größeren Weltsystems verstanden werden kann, das Europa und seine überseeischen Besitzungen, Märkte und Arbeitskräftereservoirs miteinander verbindet. Diese Auseinandersetzung ist meines Erachtens möglich, weil so viele kapitalistische Formen so früh begonnen haben – von vielen könnte man sagen, dass sie, zumindest in Embryonalform, bereits in den frühesten Anfängen der europäischen Expansion gegenwärtig waren. Das kann von der Demokratie kaum behauptet werden. Selbst wenn man gewillt ist, der inzwischen akzeptierten Konvention zu folgen und republikanische Regierungsformen mit diesem Wort gleichzusetzen, taucht das Wort Demokratie in imperialen Zentren wie England und Frankreich und Kolonien wie den Vereinigten Staaten erst auf, als das atlantische System fast schon dreihundert Jahre alt ist.

Giovanni Arrighi, Iftikhar Ahmad und Min-Wen Shih (1997) haben meiner Meinung nach eine der interessanteren Entgegnungen auf Huntington vorgelegt: eine Weltsystemanalyse der europäischen Expansion, besonders in Asien, über die letzten paar Jahrhunderte. Eines der faszinierendsten Elemente ihrer Darstellung ist, wie exakt zur gleichen Zeit, als europäische Mächte sich schließlich – in den 1830er-, 1840er- und 1850er-Jahren – als »demokratisch« zu begreifen begannen, die selben Mächte in Übersee eine vorsätzliche Politik der Unterstützung reaktionärer Eliten verfolgten, gegen alles gerichtet, was demokratischen Reformen auch nur entfernt ähnlich sah. Großbritannien ging in dieser Hinsicht besonders unverhohlen vor: ob nun bei seiner Unterstützung für das Osmanische Reich gegen die Rebellion des ägyptischen Gouverneurs Muhammad Ali nach dem Baltalimani-Vertrag von 1838 oder bei der Unterstützung, die es den kaiserlichen Streitkräften der Qing nach dem Vertrag von

Nanjing (1842) gegen den Taiping-Aufstand gewährte. In beiden Fällen fand Britannien zuerst irgendeine Ausrede, um einen bewaffneten Angriff gegen eines der großen *ancien regimes* Asiens zu führen, besiegte es militärisch, erzwang einen kommerziell vorteilhaften Vertrag und machte fast unmittelbar nach Vertragsabschluss eine Kehrtwendung, um dasselbe Regime gegen politische Rebellen zu unterstützen, die seinen eigenen angeblich »westlichen« Werten klar näher standen als das Regime selbst: im ersten Fall eine Rebellion, die darauf abzielte, Ägypten in annähernd so etwas wie einen modernen Nationalstaat zu verwandeln, im zweiten eine egalitäre christliche Bewegung, die den Ruf nach universaler Brüderlichkeit ertönen ließ. Nach dem Großen Indischen Aufstand von 1857 machte sich Britannien daran, die gleiche Strategie in den eigenen Kolonien anzuwenden, indem es bewusst »Grundherren und die kleinen Herrscher von ›Fürstenstaaten[13]‹ in seinem indischen Imperium unterstützte« (1997: 34). Dies alles wurde auf intellektueller Ebene durch die zur gleichen Zeit entstehenden orientalistischen Theorien untermauert, die der Auffassung das Wort redeten, dass in Asien solche autoritären Regime unvermeidlich und Demokratisierungsbewegungen unnatürlich seien oder nicht existierten.[14]

13 Als »Fürstenstaaten« (»Native States« oder »Princely States«) wurden die nominell unabhängigen Staaten Indiens unter britischer Oberhoheit bezeichnet. (Anm. d. Verl.)

14 Man sollte hier wahrscheinlich einen kleinen Vorbehalt anbringen: Der Orientalismus erlaubte es den Kolonialmächten, eine Unterscheidung zu treffen zwischen rivalisierenden Zivilisationen, die als hoffnungslos dekadent und korrupt angesehen wurden, und den »Wilden«, die, soweit sie nicht als hoffnungslos »rassisch« unterlegen galten, als mögliche Objekte einer »zivilisierenden Mission« in Betracht kamen. Demzufolge hätte Britannien die Versuche, indische Institutionen zu reformieren, in den 1860er-Jahren weitgehend aufgeben können, aber es bediente sich später in Afrika exakt der gleichen Rhetorik. Afrika wurde so gesehen in gewisser Weise die »Wildennische« [»savage slot«, vgl. Trouillot] zugewiesen, der Ort, den der Westen eingenommen hatte – das heißt, bevor die Europäer*innen entschieden, dass sie selbst »Westler*innen« wären.

*»Kurz und gut, Huntingtons Behauptung, dass die westliche Zivilisation der Träger eines Erbes aus Liberalismus, Konstitutionalismus, Menschenrechten, Gleichheit, Freiheit, Rechtsstaatlichkeit, Demokratie, freien Märkten und anderen ähnlich attraktiven Idealen sei – von denen andere Zivilisationen insgesamt nur oberflächlich berührt worden seien –, klingt für alle falsch, die mit der Bilanz des Westens in Asien im sogenannten Zeitalter der Nationalstaaten vertraut sind. In dieser langen Liste von Idealen ist es schwer, auch nur eines zu finden, das von den führenden westlichen Mächten der Zeit den Völkern, die sie direkter kolonialer Herrschaft unterwarfen, oder den Regierungen, über die sie die Oberhoheit zu erlangen suchten, nicht teilweise oder gänzlich verweigert worden wäre. Und umgekehrt ist es ebenso schwer, ein einziges jener Ideale zu finden, das nicht von nationalen Befreiungsbewegungen in ihrem Kampf gegen die westlichen Mächte hochgehalten worden wäre. Diese hochgehaltenen Ideale verknüpften die nicht-westliche Völker und Regierungen jedoch in den Bereichen, in denen sie wenig vom Westen zu lernen hatten, ausnahmslos mit Idealen, die aus ihren eigenen Zivilisationen hergeleitet waren.« (Arrighi, Ahmad & Shih 1997: 25, Übers. W. P.)*

Eigentlich könnte man, wie ich glaube, sehr viel weiter gehen. Der Widerstand gegen die europäische Expansion scheint in vielen Teilen der Welt sogar schon zu einem recht frühen Zeitpunkt im Namen »westlicher Werte« geleistet worden zu sein, die die fraglichen Europäer*innen selbst noch nicht besaßen. Engseng Ho (2004: 222–24) lenkt zum Beispiel unsere Aufmerksamkeit auf die erste bekannte Formulierung der Idee des Dschihad gegen Europäer*innen im indischen Ozean, ein Buch mit dem Titel »Geschenk der Dschihad-Krieger in Angelegenheiten, die die Portugiesen betreffen«, das 1574 von einem arabischen Rechtsgelehrten namens Zayn al-Din al-Malibari geschrieben und dem muslimischen Sultan von Bijapur im Dekkan zugeeignet wurde. Darin sprach sich der Autor dafür aus, dass es gerechtfertigt sei, gegen die Portugiesen Krieg zu führen, insbesondere, weil sie eine tolerante, pluralistische Gesellschaft zerstörten, in der Muslime, Hindus, Christen und Juden es immer fertiggebracht hätten zu koexistieren.

In der muslimischen Handelsökumene des Indischen Ozeans waren manche von Huntingtons Werten – ein bestimmter Freiheits- und Gleichheitsbegriff, einige sehr explizite Ideen über Handelsfreiheit und Rechtssicherheit – schon lange als wichtig erachtet worden; andere, wie religiöse Toleranz, hätten als Folge des europäischen Erscheinens auf der Szene durchaus zu Werten werden können – und sei es nur als Kontrast. Was ich damit eigentlich sagen möchte, ist, dass sich keiner dieser Werte auf eine bestimmte moralische, intellektuelle oder kulturelle Tradition festlegen lässt. Sie entstehen, was immer daraus werden mag, aus genau dieser Art von wechselseitiger Beeinflussung.

Ich möchte jedoch noch ein weiteres Argument anbringen. Wir haben es mit der Arbeit eines muslimischen Juristen zu tun, der ein Buch schrieb, das sich an einen südindischen König richtete. Die von ihm verteidigten Werte der Toleranz und des gegenseitigen Miteinanderauskommens – das sind unsere Begriffe; er selbst spricht von »Freundlichkeit« – könnten, außerhalb der Autorität einer übergreifenden Staatsmacht, aus einem komplexen interkulturellen Raum erwachsen sein, und vielleicht haben sie sich als Werte nur herauskristallisiert in der Konfrontation mit denen, die diesen Raum zu zerstören trachteten. Doch um darüber zu schreiben, um zu rechtfertigen, was er verteidigte, war er gezwungen, sich mit Staaten zu befassen und seine Auffassungen im Rahmen und in den Begrifflichkeiten einer literarisch-philosophischen Tradition zu formulieren: in diesem Fall der Rechtstradition des sunnitischen Islam. Es kam zu einem Akt der Wiedereingliederung. Was unvermeidlich ist, wenn man wieder in die Sphäre staatlicher Macht und textlicher Autorität eintritt. Und wenn spätere Autor*innen über solche Ideen schreiben, neigen sie dazu, die Dinge so darzustellen, als stammten die Ideale aus jener Tradition und nicht aus den Räumen dazwischen.

Desgleichen die Historiker*innen. Sieht man sich ihr Quellenmaterial an, ist es in gewisser Hinsicht beinahe unvermeidlich, dass sie das tun. Schließlich erforschen sie in erster Linie textliche Überlieferungen, und Kenntnisse über die Zwischenräume sind oft nur sehr schwer zu erhalten. Überdies schreiben sie – zumindest, wenn sie sich mit der »westlichen Tradition« beschäftigen – großenteils innerhalb der gleichen literarischen Tradition wie ihre Quellen. Das macht die wahren Quellen demokratischer Ideale – insbesondere jenen verbreiteten Enthusiasmus für Ideen der Freiheit und Volkssouveränität, der die Politiker zunächst einmal dazu bewegte, den Begriff zu übernehmen – so schwer rekonstruierbar. Man rufe sich hier ins Gedächtnis, was ich an früherer Stelle über die »Unzuverlässigkeit des westlichen Blicks« gesagt habe. Es herrschte lange Zeit die traditionelle Neigung, fremde Gesellschaften als Puzzle zu beschreiben, die von einem rationalen Beobachter entziffert werden müssen. Die Folge war, dass zu jener Zeit Beschreibungen fremder Gesellschaften häufig dazu verwendet wurden, politische Aussagen zu treffen: und sei es auch nur, um europäischen Gesellschaften die relative Freiheit der Native Americans oder die relative Ordnung Chinas gegenüberzustellen. Aber das Maß, in dem sie selbst mit jenen Gesellschaften verstrickt und ihre eigenen Institutionen von ihnen beeinflusst waren, pflegten sie zu übersehen. Tatsächlich neigten, wie alle wissen, die sich mit früher Anthropologie befasst haben, sogar Autor*innen, die selbst zum Teil Native Americans oder Chines*innen waren oder nie einen Fuß auf europäischen Boden gesetzt hatten, dazu, so zu schreiben. Als Männer oder Frauen der Tat fanden sie ihren Weg zwischen den Welten. Wenn die Zeit kam, über ihre Erfahrungen zu schreiben, wurden daraus nichtssagende Abstraktionen. Wenn es darum ging, die Geschichte gesellschaftlicher und kultureller Institutionen zu schreiben, beriefen sie sich nahezu ausnahmslos auf die klassische Welt der Antike.

## Die »Einflussdebatte«

1977 schrieb ein Historiker der Haudenosaunee Konföderation (der selbst Native American und Mitglied des *AIM*, des *American Indian Movement*, war) einen Essay, in dem er die Auffassung vertrat, dass gewisse Züge der Verfassung der Vereinigten Staaten – insbesondere ihre föderale Struktur – durch die ›*League of Six Nations*‹[15] angeregt waren. In den 1980er-Jahren führte er die These zusammen mit einem anderen Historiker, David Johansen, weiter aus (Johansen 1982; Grinde & Johansen 1990), wobei sie die Möglichkeit andeuteten, dass in einem weiteren Sinne das, was wir heute für Amerikas demokratischen Geist erachteten, teilweise vom Beispiel der Native Americans inspiriert war.

Von dem Belegmaterial, das sie zusammentrugen, war einiges ziemlich überzeugend. Der Gedanke, so etwas wie eine Föderation von Kolonien zu bilden, beruht tatsächlich auf dem Vorschlag eines Onondaga Abgesandten namens Canassatego, den es ermüdete, bei den Unterhandlungen zum Vertrag von Lancaster im Jahr 1744 mit so vielen Kolonien einzeln zu einer Einigung kommen zu müssen. Das Bild, das er benutzte, um die Stärke von Einheit zu demonstrieren, ein Bündel von sechs Pfeilen, erscheint noch heute im Großen Siegel der Vereinigten Staaten (wobei die Zahl später auf dreizehn erhöht wurde). Ben Franklin, der anwesend war, griff die Idee auf und sorgte mit seiner Druckerei während des folgenden Jahrzehnts dafür, dass sie weithin bekannt wurde. 1754, auf einer Konferenz in Albany, New York, wo auch Vertreter der ›Six Nations‹ zugegen waren, trugen seine Bemühungen Früchte, als der (später so genannte) *Albany Plan of Union* aufgesetzt wurde. Das Vorhaben wurde letztlich sowohl von der britischen Obrigkeit als auch von den Parlamenten der einzelnen Kolonien zurückgewiesen, aber es war eindeutig ein erster wichtiger Schritt. Von

15 Siehe Fußnote 11 auf S. 105.

größerer Bedeutung ist vielleicht, was Vertreter der sogenannten »Einflusstheorie« vorgebracht haben: dass die Werte von Egalitarismus und persönlicher Freiheit, die für so viele der Gesellschaften der *Eastern Woodlands*[16] kennzeichnend waren, die Forderungen nach Gleichheit und Freiheit inspirierten, wie sie von den Aufständischen in den Kolonien propagiert wurden. Als die Patriot*innen von Boston ihre Revolution auslösten, indem sie sich als Mohawk verkleideten und britischen Tee im Hafen versenkten, gaben sie eine bewusste Erklärung ab für ihr Modell individueller Freiheit.

Dass föderale Institutionen der Haudenosaunee womöglich einen gewissen Einfluss auf die Verfassung der USA hatten, wurde, wenn sich jemand im 19. Jahrhundert gelegentlich für solche Ideen stark machte, als überhaupt nicht bemerkenswert angesehen. Als die These in den 1980er-Jahren erneut vorgeschlagen wurde, löste sie einen großen politischen Trubel aus. Viele Native Americans unterstützten die Idee nach Kräften, der Kongress verabschiedete ein anerkennendes Gesetz und alle möglichen Kommentator*innen des rechten Lagers stürzten sich sofort darauf als ein Beispiel der schlimmsten Sorte von politischer Korrektheit. Gleichzeitig jedoch stieß die These auf die unmittelbare und ziemlich heftige Opposition sowohl der meisten historischen Fachleute, die als anerkannte Autoritäten für Verfassungsgeschichte galten, als auch der anthropologischen Expert*innen in Sachen »Irokesen«.

Bei der eigentlichen Debatte drehte sich letztlich fast alles darum, ob man eine direkte Beziehung zwischen Institutionen der Haudenosaunee und dem Denken der Schöpfer der Verfassung nachweisen könne. Payne (1996) beispielsweise merkte an, dass manche Kolonisten in New England bereits Föderationspläne erörterten, bevor sie überhaupt von der Existenz der

16 Als Eastern Woodlands wird von der Anthropologie eine kulturelle, indigene Region bezeichnet, die sich heute im Osten der USA und Kanada erstreckt. Sie befindet sich grob zwischen Atlantik und den östlichen Great Plains, der Great Lakes-Region und dem Golf von Mexiko. (A.d. V.)

Konföderation etwas wussten; im weiteren Sinne vertraten die Gegner*innen die Ansicht, dass Vertreter*innen der »Einflusstheorie« im Grunde genommen die Bücher frisiert hätten, indem sie jeden existierenden Abschnitt in den Schriften kolonialer Politiker, in denen Institutionen der Haudenosaunee Lob erfuhren, herauspickten, während sie Hunderte von Texten ignorierten, in denen dieselben Politiker die Haudenosaunee und die ›Indians‹ generell als unwissende mordlüsterne Wilde hinstellten. Ihre Gegner*innen, sagten sie, ließen die Leser*innen mit dem Eindruck zurück, dass in den Texten explizite Beweise für einen Einfluss der Haudenosaunee auf die Verfassung vorlägen, und dies wäre einfach nicht der Fall. Selbst die bei verfassungsgebenden Versammlungen anwesenden ›Indians‹ scheinen zugegen gewesen zu sein, um Beschwerden vorzubringen, nicht um Ratschläge zu erteilen. Und wenn koloniale Politiker den Ursprung ihrer Ideen diskutierten, richteten sie den Blick durch die Bank auf klassische, biblische oder europäische Beispiele: das Buch der Richter, den Achäischen Bund, die Eidgenossenschaft, die Vereinigten Provinzen der Niederlande. Vertreter der Einflusstheorie erwiderten ihrerseits, dass diese Art linearen Denkens allzu vereinfachend sei: Niemand behauptete, dass die ›Six Nations‹ das einzige oder gar das vorrangige Modell für den amerikanischen Föderalismus wären, nur eines von vielen Elementen, die zu der Mischung beitrugen – und bedenkt man, dass es das einzige funktionierende Beispiel eines föderalen Systems war, mit dem die Kolonist*innen irgendwelche direkte Erfahrungen hatten, dann war es einfach bizarr, darauf zu bestehen, es hätte überhaupt keinen Einfluss gegeben. Tatsächlich erscheinen einige der Einwände, die von Anthropolog*innen kamen, so merkwürdig – so etwa Elisabeth Tookers Einwand (1988), dass aufgrund der konsensbestimmten Arbeitsweise der Konföderation, in der den Frauen ein wichtiger Platz vorbehalten war, wohingegen die Verfassung der Vereinigten Staaten ein Mehrheitssystem benutzte und nur Männern die Stimmabgabe gestattete, das eine unmöglich dem anderen zur Anregung gedient haben könnte, oder Dean Snows Bemerkung (1994: 154, Übers. W. P.), dass solche Behauptungen »die feinen und bemerkenswerten Züge irokesischer Regierung verwirrten und herabsetzten« –, dass man nur den Schluss ziehen kann, der Native American und Aktivist Vine Deloria hatte wahrscheinlich nicht ganz Unrecht mit der Vermutung, hier handele es sich um Revierkämpfe unter Wissenschaftler*innen – die Beanspruchung intellektueller Eigentumsrechte (in Johansen 1998: 82).

Ein solches Besitzdenken ist in einigen Kreisen viel klarer. »Dieser Mythos ist nicht bloß dumm, er ist zerstörerisch«, hieß es in der Zeitschrift *The New Republic*. »Ganz offensichtlich hatte die westliche Zivilisation, die in Griechenland begann, Regierungsmodelle zu bieten, die den Herzen der Gründerväter sehr viel näher waren als dieses. Wenn man auf die Neue Welt schaute, um sich Anregungen zu verschaffen, gab es nichts zu holen« (Newman 1998: 18). Spricht man von den unmittelbaren Wahrnehmungen vieler der »Gründerväter« der Vereinigten Staaten, dann mag das durchaus zutreffen; wenn wir aber den Einfluss der Haudenosaunee auf die amerikanische *Demokratie* zu verstehen suchen, dann sieht die Sache gleich ganz anders aus.

Wie wir gesehen haben, identifizierten sich die Schöpfer der Verfassung tatsächlich mit der klassischen Tradition, waren aber aus eben diesem Grund der Demokratie gegenüber sehr feindselig eingestellt. Sie setzten Demokratie gleich mit uneingeschränkter Freiheit, Gleichheit und, soweit sie überhaupt etwas über Bräuche der ›Indians‹ wussten, sahen sie diese wahrscheinlich aus genau den gleichen Gründen als verwerflich an.

Sieht man sich einige der umstrittenen Passagen noch einmal näher an, findet man eben das. John Adams hat, wie wir wissen, in seiner *Defense of the Constitution* behauptet, dass es keine egalitären Gesellschaften gäbe; politische Macht verteile sich in jeder menschlichen Gesellschaft auf das monarchische, aristokratische und demokratische Prinzip. Er sah bei den ›Indians‹ insoweit Ähnlichkeiten mit den alten Germanen, als »insbesondere der demokratische Zweig von solcher Entschlossenheit ist, dass im Volkskörper echte Souveränität zu Hause war«, was, wie er meinte, ausreichend funktionierte, wenn man es mit über ein weites Territorium verstreuten Bevölkerungen zu tun hatte, ohne richtige Konzentration von Reichtümern, was aber, wie die Goten herausfanden, als sie das Römische Reich eroberten, zu chaotischen Verhältnissen, Instabilität und Konflikten führen musste, sobald solche Bevölkerungen sesshafter wurden und beträchtliche Ressourcen zu verwalten hatten (Adams 1797: 296, Übers. W. P.; siehe Levy 1996: 598; Payne 1996: 618). Seine Beobachtungen sind typisch. Madison, selbst Jefferson, neigten dazu, die ›Indians‹ weitgehend im Sinne John Lockes zu beschreiben, als Beispiele einer individuellen Freiheit, die durch keinerlei staatlichen oder systematischen Zwang eingeschränkt würden – ein Zustand, der durch die Tatsache ermöglicht wurde, dass Gesellschaften der ›Indians‹ nicht durch nennenswerte Eigentumsunterschiede gekennzeichnet seien. Für eine Gesellschaft wie ihre eigene, die eben das war, erachteten sie die Institutionen der Natives Americans offensichtlich als unpassend.

Doch werden, der Theorie der Aufklärung zum Trotz, Nationen nicht wirklich durch die Leistungen weiser Gesetzgeber geschaffen. Noch wird die Demokratie in Texten erfunden; auch wenn wir uns auf Texte verlassen müssen, um ihre Geschichte zu erahnen. In der Realität waren die Männer, die die Verfassung schrieben, nicht nur zum größeren Teil reiche Landbesitzer; nur wenige hatten viel Erfahrung damit, sich mit einer Gruppe von Gleichen an einen Tisch zu setzen – wenigstens nicht, bis sie bei den kolonialen Kongressen Gelegenheit dazu bekamen. Demokratische Praktiken werden für gewöhnlich zunächst an Orten weit außerhalb des Wirkungskreises solcher Männer ausgearbeitet, und wenn man sich auf die Suche danach macht, wer von ihren Zeitgenossen*innen die meiste praktische Erfahrung in solchen Dingen hatte, erhält man manchmal überraschende Ergebnisse. Einer der führenden derzeitigen Historiker der europäischen Demokratie, John Markoff, merkt in seinem Essay »Where and When Was Democracy Invented?« an einer Stelle ziemlich beiläufig an:

> *»[D]ass Führerschaft sich aus der Zustimmung der Geführten herleiten mochte, statt von einer höheren Autorität verliehen zu werden, wäre für die Mannschaften von Piratenschiffen in der frühneuzeitlichen Welt des Atlantik eine eher naheliegende Erfahrung gewesen. Seeräubermannschaften wählten ihre Kapitäne nicht nur, sie waren auch mit dem Prinzip der ausgleichenden Autoritäten (in Gestalt des Quartiermeisters und Schiffsrats) und mit vertraglichen Beziehungen zwischen Individuum und Gesamtheit (in der Form niedergeschriebener Schiffsartikel, die Beute- und Entschädigungsanteile bei Arbeitsunfällen festlegten) vertraut.« (Markoff 1999: 673, Anm. 62, Übers. W. P.)*

Tatsache ist, dass die typische Organisation der Piratenschiffe des 18. Jahrhunderts, wie sie von Historiker*innen wie Marcus Rediker (2004: 60–82) rekonstruiert wurde, bemerkenswert demokratisch gewesen zu sein scheint. Kapitäne wurden nicht nur gewählt, gewöhnlich funktionierte ihre Rolle in vielem wie die der *war chiefs* der Native Americans: Auf der Verfolgungsjagd oder im Kampf mit absoluter Macht ausgestattet, wurden sie anderweitig wie gewöhnliche Mannschaftsmitglieder behandelt. Die Besatzungen der Schiffe, deren Kapitänen größere allgemeine Machtbefugnisse eingeräumt wurden, bestanden auf ihrem Recht, ihre Kapitäne im Falle von Feigheit, Grausamkeit oder irgendeinem anderen Grund jederzeit ihres Postens entheben zu können. In jedem Fall lag die letzte Entscheidungsgewalt bei einer Vollversammlung, die oft sogar über ganz geringfügige Angelegenheiten befand – immer, wie es scheint, nach dem Mehrheitsprinzip und mittels Abstimmung durch Handzeichen.

All das kommt einem vielleicht weniger überraschend vor, sieht man sich die Herkunft der Seeräuber an. Pirat*innen waren im allgemeinen Meuterer, Seeleute, die in den Hafenstädten auf beiden Seiten des Atlantiks gegen ihren Willen zum Dienst gedrängt worden waren, die gegen tyrannische Kapitäne gemeutert und »der ganzen Welt den Krieg erklärt« hatten. Oft wurden sie zu klassischen Sozialbandit*innen, die Rache übten an Kapitänen, die ihre Mannschaften schlecht behandelt hatten, wobei sie diejenigen, bei denen sich Beschwerden nicht bewahrheiteten, frei ließen oder sogar belohnten. Die Zusammensetzung der Mannschaften war oft außerordentlich heterogen. »Black Sam Bellamys Mannschaft von 1717 war ›eine gemischte Schar aus allen Ländern‹, einschließlich Briten, Franzosen, Holländern, Spaniern, Schweden, Native Americans, Afroamerikanern und zwei Dutzend Afrikanern, die von einem Sklavenschiff befreit worden waren« (Rediker 2004: 53, Übers. W. P.). Mit anderen Worten, wir haben es mit einer Ansammlung von Menschen zu tun, unter denen zumindest einige waren, die aus erster Hand von einer sehr großen Bandbreite direktdemokratischer Institutionen gewusst haben dürften, die von schwedischen *Things* zu afrikanischen Dorf- und den Ratsversammlungen der Native Americans reichten, etwa jenen, aus denen die Haudenosaunee-Konföderation hervorgegangen war, wobei sie sich plötzlich genötigt sahen, bei völliger Abwesenheit des Staates eine Form von Selbstregierung zu improvisieren. Es war der perfekte interkulturelle Raum zum Experimentieren. Tatsächlich gab es wohl nirgendwo in der damaligen atlantischen Welt einen ersprießlicheren Grund für die Entwicklung neuer demokratischer Einrichtungen.

Ich erwähne das aus zwei Gründen. Der eine ist offensichtlich. Wir haben keinen Beweis dafür, dass die demokratischen Praktiken, die sich auf atlantischen Piratenschiffen im frühen 18. Jahrhundert entwickelten, irgendwelchen direkten oder indirekten Einfluss auf die Evolution demokratischer Verfassungen sechzig oder siebzig Jahre später hatten. Noch könnten wir einen solchen Beweis haben. Zwar zirkulierten die Berichte über Pirat*innen und ihre Abenteuer in großem Umfang – mit ziemlich dem gleichen großen Anklang, den sie noch heute finden (wobei sie vermutlich damals wenigstens ein bisschen wirklichkeitsgetreuer waren als heutige Hollywoodversionen) –, doch wäre dies ungefähr die allerletzte Beeinflussung gewesen, die ein französischer, englischer oder kolonialer Gentleman willentlich anerkannt hätte. Das soll nicht heißen, dass Seeräuberpraktiken wahrscheinlich demokratische Institutionen beeinflusst haben. Nur dass wir nichts davon wüssten, selbst wenn es so gewesen wäre. Man kann sich kaum vorstellen, dass sich die Verhältnisse allzu sehr von denen unterschieden hätten, die man üblicherweise »den amerikanischen Wilden« zuschrieb.

Der andere Grund liegt darin, dass Grenzergesellschaften in Nord- und Südamerika wahrscheinlich Piratenschiffen mehr ähnelten, als wir uns vorstellen möchten. Sie dürften nicht so dicht bevölkert wie Piratenschiffe oder ebenso unmittelbar auf ständige Zusammenarbeit angewiesen gewesen sein, aber es waren Räume der interkulturellen Improvisation, zu einem großen Teil außerhalb staatlichen Geltungsbereichs. Colin Calloway (1997; vgl. Axtell 1985) hat dokumentiert, wie sehr die Gesellschaften von Siedlern und Indigenen oft miteinander verknüpft waren, wobei die Siedler sich Nutzpflanzen, Kleidung, Arzneien, Gepflogenheiten und Methoden der Kriegsführung der ›Indians‹ aneigneten; sie trieben Handel mit ihnen, lebten oft nebeneinander, heirateten manchmal untereinander und weckten vor allem Ängste ohne Ende bei den Führern der kolonialen Gemeinschaften und militärischen Verbände, dass ihre Untergebenen sich die Gesinnung von Gleichheit und individueller Freiheit, die sie bei den ›Indians‹ sahen, angewöhnen könnten. Zur gleichen Zeit, als beispielsweise der puritanische Pastor Cotton Mather in New England gegen Piraten als Geißel der Menschheit eiferte, beklagte er auch, dass andere Kolonisten begonnen hatten, Bräuche der Kindererziehung von den ›Indians‹ nachzuahmen (indem sie zum Beispiel die körperliche Züchtigung aufgaben), und in zunehmendem Maße die Grundsätze angemessener Disziplin und »Strenge« bei der Familienführung zugunsten der »närrischen Nachsicht« vergaßen, die sie bei den ›Indians‹ für typisch erachteten, sei es in den Beziehungen zwischen Herrschaft und Dienerschaft, Männern und Frauen oder Jung und Alt (Calloway 1997: 192).[17] Dies traf vor allem auf Gemeinschaften zu, die sich häufig aus entlaufenen Versklavten und Diener*innen zusammensetzten, die »Indians wurden« und gänzlich der Kontrolle der kolonialen Regierungen entzogen waren (Sakolsky & Koehnline 1993), oder auf Inselenklaven, die aus dem »atlantischen Proletariat« (in der Diktion von Linebaugh & Rediker) bestanden, einer zusammengewürfelten Bevölkerung von Freigelassenen, Seeleuten, Schiffshuren, Deserteuren, Antinomist*innen und Aufrührer*innen, wie sie in den Hafenstädten der nordatlantischen Welt vor dem Aufkommen des modernen Rassismus beheimatet war; viel von dem demokratischen Impuls der Amerikanischen – und anderer – Revolutionen scheint zuerst von hier ausgegangen zu sein. Aber das traf ebenso gut auf gewöhnliche Siedler*innen zu. Ironischerweise war dies das eigentliche Argument in Bruce Johansens Buch *Forgotten Founders* (1982), das die »Einflussdebatte« auslöste – eine Argumentation, die letztlich in all dem lauten Getöse, das um die Verfassung gemacht wurde, weitgehend verloren ging: dass gewöhnliche Engländer und Franzosen, die sich in den Kolonien niedergelassen hatten, sich erst dann als »Amerikaner«, d.h. eine neue Art von freiheitsliebenden Menschen, zu begreifen begannen, als sie anfingen, sich mehr als ›Indians‹ zu sehen. Und dass

17 »Obwohl die ersten englischen Pflanzer [zeitgen. Ausdruck für Plantagenbesitzer, A.d.V.] in diesem Land gewöhnlich Kontrolle und Disziplin in ihren Familien ausübten und eine ausreichende Strenge obwalten ließen, so ist, als hätte uns das Klima gelehrt, uns zu indianisieren, heute doch eine solche Lockerung eingetreten, dass damit völlig aufgehört wurde und eine törichte Nachsicht den Kindern gegenüber sich zu einem epidemischen Fehlverhalten des Landes ausgewachsen hat und wohl viele üble Folgen nach sich ziehen wird.« (ebd., Übers. W. P.)

dieses Gefühl in erster Linie nicht von der Art distanzierter Romantisierung angeregt war, der man in Texten von Jefferson und Adam Smith begegnen kann, sondern eher durch die tatsächliche Erfahrung des Lebens in Grenzergesellschaften, die nach Calloways Formulierung ihrem Wesen nach ein »Amalgam« waren. Die Kolonist*innen, die nach Amerika kamen, befanden sich tatsächlich in einer einzigartigen Situation: Sie, die in großer Zahl vor den Hierarchien und dem Konformismus Europas geflohen waren, sahen sich mit einer indigenen Bevölkerung konfrontiert, die sich weitaus mehr den Prinzipien von Gleichheit und Individualismus verpflichtet fühlte, als sie sich bisher überhaupt hatten vorstellen können; und dann machten sie sich daran, sie weitgehend auszulöschen, obwohl sie viele ihrer Bräuche, Gewohnheiten und Haltungen übernahmen.

Ich möchte hinzufügen, dass während dieser Zeit auch die ›*Five Nations*‹[18] so etwas wie eine Mischbevölkerung darstellten. Ursprünglich ein Zusammenschluss von Gruppen, die zu einer Art gegenseitiger vertraglicher Übereinkunft gefunden hatten, der ihnen eine Möglichkeit bot, Dispute zu schlichten und Frieden zu schließen, wurden sie in der Periode ihrer Expansion im 17. Jahrhundert zu einem außerordentlichen Durcheinander von Völkern, wobei große Teile der Bevölkerung Kriegsgefangene waren, die in Haudenosaunee-Familien aufgenommen worden waren, wo sie tote Familienmitglieder ersetzten. Missionare beklagten sich damals häufig darüber, dass es schwierig war, den Seneca in ihrer eigenen Sprache zu predigen, weil die meisten von ihnen sie selbst nicht richtig beherrschten (Quain 1937).

Selbst noch im 18. Jahrhundert, in der Zeit, als Canassatoga Sachem der Onondaga war, war zum Beispiel der andere sehr wichtige Unterhändler mit den Kolonist*innen, Swatane (der Schickallemy genannt wurde), eigentlich Franzose – oder zu-

18 Siehe Fußnote 11 auf Seite 105.

mindest der Sohn französischer Eltern aus (dem heutigen) Kanada. Allseits verwischten sich damals die Grenzen. Wir haben es mit einer abgestuften Abfolge von Räumen demokratischer Improvisation zu tun, von den puritanischen Gemeinschaften New Englands mit ihren town meetings über die Grenzergemeinschaften bis hin zu den Haudenosaunee selbst.

## Traditionen als Handlungsweisen einer nicht endenden Neugründung

Lassen Sie mich nun versuchen, einige der Bruchstücke zusammenzufügen. Ich habe in diesem Text durchweg dahingehend argumentiert, dass eine demokratische *Praxis*, ob man sie nun als Verfahren egalitärer Entscheidungsfindung oder als Regierung auf der Grundlage öffentlicher Diskussion definiert, gewöhnlich aus Situationen erwächst, in denen es Gemeinschaften welcher Art auch immer gelingt, ihre Angelegenheiten außerhalb staatlichen Geltungsbereichs zu regeln. Das Fehlen staatlicher Macht bedeutet das Fehlen eines systematischen Zwangsmechanismus zur Durchsetzung von Entscheidungen; das läuft in der Regel entweder auf eine Art Konsensfindungsprozess hinaus oder manchmal, im Falle grundsätzlich militärischer Formationen wie der griechischen Hopliten oder von Seeräuberschiffen, auf ein System mehrheitlicher Abstimmung (da in solchen Fällen die Ergebnisse, wenn es wirklich zu einer gewaltsamen Auseinandersetzung kam, sogleich auf der Hand lagen). Demokratische Erneuerung und, wie man es nennen könnte, demokratische Werte treten zunächst vorwiegend in den (von mir) so genannten Zonen kultureller Improvisation auf, die sich gewöhnlich ebenfalls außerhalb staatlicher Kontrolle befinden und wo Menschen unterschiedlicher Art mit verschiedenen Traditionen und Erfahrungen herausfinden müssen, wie sie miteinander auskommen können. Ob auf Madagaskar oder im mittelalterlichen Island, auf Piratenschiffen, in Handelsgemeinschaften rund um den Indischen Ozean,

Konföderationen der Native Americans am Rand der europäischen Expansion, es handelt sich bei allen Beispielen hier um Grenzergemeinschaften.

All das hat wenig mit den großen literarisch-philosophischen Traditionen zu tun, die gerne als die Säulen der großen Zivilisationen angesehen werden: in der Tat stehen diese Traditionen mit wenigen Ausnahmen demokratischen Verfahren und der Art von Menschen, die sich ihrer bedient, insgesamt ausdrücklich ablehnend gegenüber.[19] Regierende Eliten neigen entweder dazu, diese Formen zu ignorieren, oder sie versuchen, sie in Grund und Boden zu stampfen.[20]

Zu einem bestimmten Zeitpunkt jedoch – zuerst in den Kernstaaten des atlantischen Systems, insbesondere England und Frankreich, die die größten Kolonien in Nordamerika besaßen – begann sich das zu ändern. Die Schaffung dieses Systems war von einer solch beispiellosen Zerstörung eingeläutet worden, dass es fortlaufend neue Improvisationsräume für das entstehende »atlantische Proletariat« möglich machte. Staaten, die durch soziale Bewegungen unter Druck gesetzt wurden, begannen Reformen in die Wege zu leiten; und wer in der elitären literarischen Tradition tätig war, begann schließlich nach Vorläufern für sie zu suchen. Das Ergebnis war die Schaf-

---

19 Gewöhnlich kann man hier und da prodemokratische Stimmen herauspicken, aber sie sind tendenziell entschieden in der Minderheit. So hat es den Anschein, als habe es im alten Griechenland genau drei bekannte Autoren gegeben, die sich selbst als Demokraten empfanden: Hippodamos, Protagoras und Demokritos. Keines ihrer Werke hat allerdings überdauert, sodass ihre Ansichten nur von Zitaten in antidemokratischen Quellen bekannt sind.

20 Denkt man in dieser Beziehung an Athen, so ist das interessant. Zwar sind die Ergebnisse zugegebenermaßen ein wenig verwirrend: Es war die bei Weitem weltoffenste unter den griechischen Städten (obgleich Fremde nicht stimmberechtigt waren), und doch müssen sich die Historiker*innen erst noch darüber verständigen, ob es als Staat bezeichnet werden kann. Letzteres hängt weitgehend davon ab, ob man eine Marx'sche oder Weber'sche Perspektive einnimmt: Es gab eindeutig eine herrschende Klasse, wenn auch eine sehr große, aber fast nichts, was man als Verwaltungsapparat bezeichnen könnte.

fung repräsentativer Systeme nach dem Vorbild der Römischen Republik, die später dann unter dem Druck der Öffentlichkeit in »Demokratien« umbenannt und auf Athen zurückgeführt wurden.

Tatsächlich möchte ich die Möglichkeit zu bedenken geben, dass dieser Prozess demokratischer Rekuperation und Neugründung typisch für einen breiteren Prozess war, der wahrscheinlich ein Merkmal jeder zivilisatorischen Tradition ist, der dann aber in eine Phase kritischer Intensität überging. Als die europäischen Staaten expandierten und das atlantische System daran ging, sich über die ganze Welt auszubreiten, scheinen in den europäischen Hauptstädten alle möglichen globalen Einflüsse miteinander verschmolzen und im Rahmen der Tradition, die schließlich als »westliche« bekannt wurde, aufgenommen worden zu sein. So lässt sich beispielsweise die tatsächliche Genealogie der Elemente, die im modernen Staat zusammenkamen, wohl kaum rekonstruieren – und wenn auch nur, weil allein der Prozess der Rekuperation normalerweise schon ausreicht, um die ›exotischeren‹ Elemente in den schriftlichen Darstellungen zu tilgen oder, wo nicht, sie in die vertrauten Topoi von Erfindung und Entdeckung zu integrieren. Historiker*innen, die dazu neigen, sich nahezu ausschließlich auf Texte zu verlassen und sich auf ihre exakten Beweisverfahren und Quellenkritik etwas zugutehalten, bleibt daher am Schluss (wie in der Debatte über den Einfluss der Haudenosaunee) oft nur das Gefühl, es sei ihre berufliche Verantwortung, so zu handeln, als würden neue Ideen aus den Textüberlieferungen heraus entstehen. Lassen Sie mich zwei Beispiele nennen:

1. *Der afrikanische Fetischismus und die Idee des Gesellschaftsvertrags.* Das atlantische System begann selbstredend in Westafrika Form anzunehmen, bevor Kolumbus nach Amerika segelte. In einer faszinierenden Reihe von Aufsätzen hat William Pietz (1985, 1987, 1988) das Leben in den an der Küste entstandenen Enklaven beschrieben, wo venezia-

nische, holländische, portugiesische und jede andere Sorte europäischer Kaufleute und Abenteurer mit afrikanischen Kaufleuten und Abenteurern zusammenlebten, Dutzende von verschiedenen Sprachen gesprochen wurden und eine Mischung aus muslimischer, katholischer, protestantischer Religion und vielfältigen Formen der Ahnenverehrung an der Tagesordnung war. Der Handel innerhalb dieser Enklaven wurde durch Objekte geregelt, die von den Europäern schon bald als »Fetische« bezeichnet wurden, und Pietz gibt sich viel Mühe, die Theorien der europäischen Kaufleute über Werte und Materialität genau darzulegen, zu denen dieser Begriff letztendlich Anlass gab. Die afrikanische Perspektive ist vielleicht die interessantere. Soweit sie rekonstruiert werden kann, scheint sie der Art von Vertragstheorien auffällig ähnlich zu sein, die in Europa zur gleichen Zeit von Männern wie Thomas Hobbes entwickelt wurden (MacGaffey 1994; Graeber 2005). Im Prinzip wurden Fetische durch eine Reihe von Vertragspartnern geschaffen, die miteinander anhaltende ökonomische Beziehungen einzugehen wünschten. Damit einher gingen Abkommen über Besitzrechte und Austauschregeln; wer sie verletzte, den würde die Macht des Objekts vernichten. Mit anderen Worten werden, genau wie bei Hobbes, gesellschaftliche Beziehungen hergestellt, wenn eine Gruppe von Männern darin übereinstimmte, eine oberste Macht zu installieren, die ihnen mit Gewalt drohte, wenn sie versäumten, ihre Besitzrechte und vertraglichen Verpflichtungen zu respektieren. Spätere afrikanische Texte priesen den Fetisch, da er einen Krieg aller gegen alle verhindert habe. Bedauerlicherweise ist es völlig unmöglich, irgendwelche Beweise dafür zu finden, dass Hobbes irgendetwas davon wusste: Die meiste Zeit seines Lebens verbrachte er in einer Hafenstadt und es ist sehr wahrscheinlich, dass er Handelsleute traf, die mit solchen Bräuchen vertraut waren; aber seine politischen Werke enthalten keinerlei Hinweise auf den afrikanischen Kontinent.

2. *China und der europäische Nationalstaat.* Im Laufe der frühneuzeitlichen Ära entwarfen europäische Eliten langsam das Idealbild von Regierungen, die über einheitliche Bevölkerungen herrschten, die die gleiche Sprache sprachen und unter einem einheitlichen Rechts- und Verwaltungssystem lebten; auch dass dieses System letzten Endes von einer meritokratischen Elite verwaltet werden sollte, deren Ausbildung hauptsächlich im Studium der literarischen Klassiker in der Umgangssprache jener Nation bestehen sollte. Das Kuriose daran ist, dass es in der früheren europäischen Geschichte nichts gibt, das für einen Staat dieses Typs als annähernd vergleichbarer Vorgänger gelten könnte, obgleich es fast exakt dem System entsprach, von dem die Europäer glaubten, dass es im kaiserlichen China herrschte (was in großem Maße auch zutraf).[21] Gibt es Belege für eine chinesische »Einflusstheorie«? In diesem Fall einige wenige. Da das Ansehen der chinesischen Regierung in den Augen europäischer Philosophen augenscheinlich höher war als das afrikanischer Händler, wären solche Beeinflussungen nicht völlig übersehen worden. Von Leibniz' berühmter Bemerkung, dass die Chinesen doch besser Missionare nach Europa schicken sollten als andersherum, bis zum Werk Montesquieus und Voltaires sieht man eine Abfolge politischer Philosophen, die das Lob chinesischer Einrichtungen singen – desgleichen eine allgemeine Faszination durch chinesische Kunst, Gärten, Moden und Moralphilosophie (Lovejoy 1955) –, und dies zu genau der gleichen Zeit, in der der Absolutismus Gestalt annahm; nur um im 19. Jahrhundert wieder zu verschwinden, als China zum Ziel der europäischen imperialistischen Expansion geworden war. Nichts davon ist augenscheinlich ein Beweis dafür, dass der moderne Nationalstaat in irgendeiner Weise

21 Offensichtlich war der chinesische Staat in mancher Hinsicht aber auch zutiefst verschieden: Zuallererst war er ein universalistisches Imperium. Aber man kann, anders als Tooker meint, eine Idee übernehmen, ohne jedes ihrer einzelnen Elemente anzunehmen.

auf chinesischen Einfluss zurückgeht. Aber selbst wenn es so wäre – in Anbetracht der Beschaffenheit der literarischen Traditionen, mit denen wir uns befassen, wäre das in etwa gerade mal die Menge an Beweisen, die wir jemals zu erwarten hätten.

Ist also der moderne Nationalstaat wirklich ein chinesisches Verwaltungsmodell, das angepasst wurde, um demokratische Impulse zu kanalisieren und zu kontrollieren, die sich großenteils dem Einfluss der Gesellschaften der Native Americans und dem Druck des atlantischen Proletariats verdankten und die letzten Endes durch eine aus Afrika stammende Theorie eines Gesellschaftsvertrags gerechtfertigt wurden? Wahrscheinlich nicht. Wenigstens wäre dies eine wilde Übertreibung. Aber ich halte es auch nicht für einen Zufall, dass demokratische Ideale der Staatskunst zum ersten Mal in einer Zeit auftraten, in der die atlantischen Mächte das Zentrum riesiger globaler Imperien bildeten, wo endlose Ströme an Kenntnissen und Einflüssen zusammenfloßen, oder dass sie schließlich eine Theorie entwickelten, derzufolge diese Ideale ausschließlich ihrer »westlichen« Zivilisation entsprangen – der Tatsache zum Trotz, dass in der Zeit, als die Europäer nicht im Mittelpunkt globaler Reiche gestanden hatten, sie nichts dergleichen geschaffen hatten.

Schlussendlich, glaube ich, ist es wichtig zu betonen, dass dieser Rekuperationsprozess keineswegs auf Europa beschränkt ist. Es fällt in der Tat auf, wie schnell nahezu alle auf der Welt mit dem gleichen Spiel begannen. Wie das Beispiel von al-Malibari nahelegt, geschah dies in gewisser Hinsicht in anderen Teilen der Welt sogar schon früher als in Europa. Natürlich begannen die überseeischen Bewegungen erst viel später, das Wort »Demokratie« zu gebrauchen – doch selbst in der atlantischen Welt wurde dieser Begriff nicht vor der Mitte des 19. Jahrhundert allgemein üblich. Ebenfalls um die Mitte desselben Jahrhunderts – gerade als europäische Mächte damit begannen, Vorstellungen von Demokratie für die eigene Tradition zu rekuperieren – stand das britische Empire an der Spitze einer sehr bewussten Politik, alles zu unterdrücken, was auch nur so aussah, als könnte es das Potenzial haben, zu einer demokratischen, popularen Bewegung in Übersee werden. Ein großer Teil der kolonialen Welt reagierte letztlich, indem er genau das gleiche Spiel zu spielen begann. Gegner der Kolonialherrschaft durchforsteten ihre eigenen literarisch-philosophischen Traditionen nach Parallelen mit dem antiken Athen, während sie gleichzeitig traditionelle Formen der kommunalen Entscheidungsfindung im Hinterland untersuchten. Wie zum Beispiel Steve Muhlberger und Phil Paine (1993; Baechler 1985) dokumentiert haben, ist »Demokratie« ein ziemlich allgemeines Phänomen, wenn man den Begriff einfach als Entscheidungsfindung durch öffentliche Diskussion definiert; Beispiele dafür finden sich sogar in Staaten und Reichen, wenn gewöhnlich auch nur an solchen Orten oder in menschlichen Tätigkeitsbereichen, an denen die Herrscher von Staaten und Reichen wenig Interesse hatten. Griechische Historiker, die über Indien schrieben, bezeugten zahllose politische Systeme, die diesen Namen ihrer Ansicht nach verdienten. Zwischen 1911 und 1918 begann eine Reihe indischer Historiker (K. P. Jayaswal, D. R. Bhandarkar, R. C. Majumdar)[22] einige dieser Quellen zu untersuchen, nicht nur griechische Berichte über die Feldzüge Alexanders, sondern auch frühe buddhistische Dokumente in Pali und frühe Hindu-Wörterverzeichnisse und Werke zur politischen Theorie. Sie entdeckten Dutzende von

---

22 Anstatt so zu tun, als wäre ich ein Experte für indische Wissenschaftsgeschichte zu Beginn des 20. Jahrhunderts, gebe ich einfach Muhlbergers Fußnote wieder: »K. P. Jayaswal, Hindu Polity: A Constitutional History of India in Hindu Times, 2nd and enl. edn. (Bangalore, 1943), erstveröffentlicht in Aufsatzform 1911–13; D. R. Bhandarkar, Lectures on the Ancient History of India on the Period from 650 to 325 B. C., The Carmichael Lectures, 1918 (Calcutta, 1919); R. C. Majumdar, Corporate Life in Ancient India (urspr. geschrieben 1918; hier zitiert nach der 3. Ausg., Calcutta, 1969, als Corporate Life).«

lokalen Entsprechungen zum Athen des 5. Jahrhunderts auf südasiatischem Boden: von Städten und politischen Konföderationen, in denen alle Männer formell als Krieger klassifiziert waren – was in einigen Fällen eine sehr große männliche Bevölkerung bedeutete –, wurde erwartet, dass sie wichtige Entscheidungen im Kollektiv trafen, durch öffentliche Beratung in kommunalen Versammlungen. Die literarischen Quellen der Zeit standen der Volksherrschaft meist genauso ablehnend gegenüber wie die griechischen,[23] aber wenigstens bis um das Jahr 400 u. Z. gab es solche Gemeinwesen bestimmt noch, und die Verfahren zur Beratschlagung, derer sie sich bedienten, sind, von der Leitung buddhistischer Klöster bis zu Handwerksgilden, auch heute noch in Anwendung. Man konnte demnach sagen, dass die indische oder sogar die Hindu-Tradition in sich schon immer demokratisch war; dies wurde zu einem starken Argument für alle, die sich die Unabhängigkeit wünschten.

Diese frühen Historiker stellten die Sache allerdings eindeutig übertrieben dar. Nach der Unabhängigkeit kam der unweigerliche Rückschlag. Historiker*innen begannen darauf hinzuweisen, dass diese »Clanrepubliken« im günstigsten Fall sehr eingeschränkte Demokratien waren, dass die überwältigende Mehrheit der Bevölkerung – Frauen, Versklavte, alle, die als Außenseiter*innen galten – völlig entrechtet waren. Natürlich traf das auch auf Athen zu, und Historiker*innen haben darauf lang und breit hingewiesen. Aber wie mir scheint, sind Fragen der Authentizität bestenfalls von sekundärer Bedeutung. Solche Traditionen sind immer zum Großteil erfunden. In gewissem Maße sind Traditionen genau das: der kontinuierliche Prozess ihrer eigenen Erfindung. Worauf es ankommt, ist, dass wir in jedem Fall politische Eliten – oder Möchtegern-Eliten – haben, die sich mit einer demokratischen Tradition identifizieren, um im Wesentlichen republikanische Regierungsformen zu bestä-

23 Ich sage »fast«. Der frühe Buddhismus war der Sache durchaus zugetan, vor allem der Buddha selbst. Die brahmanische Tradition zeigt sich jedoch erwartungsgemäß einheitlich ablehnend.

tigen. Auch war die Demokratie nicht nur nicht die spezielle Erfindung »des Westens«, noch war es dieser Prozess der Rekuperation und Neugründung. Es stimmt, dass die Eliten in Indien das Spiel etwa sechzig Jahre später als jene in England und Frankreich zu spielen begannen, aber historisch ist das keine sonderlich lange Zeitspanne. Anstatt die Ansprüche von Indern, Madegassen, Tswana oder Maya, Teil einer tiefsitzenden demokratischen Tradition zu sein, als einen Versuch zu sehen, den Westen nachzuäffen, denke ich, dass wir anscheinend auf verschiedene Aspekte des gleichen planetarischen Prozesses blicken: wobei sich seit langer Zeit bestehende demokratische Praktiken in der Formierung eines globalen Systems kristallisieren, in dem Ideen in allen Richtungen hin- und herfliegen, von denen herrschende Eliten sich allmählich, und meist zögerlich, einige zu eigen machen.

Die Versuchung, der Demokratie bis zu irgendwelchen besonderen kulturellen »Ursprüngen« nachzuspüren, scheint allerdings fast unwiderstehlich zu sein. Selbst ernsthafte Wissenschaftler*innen hören nicht auf, sich darauf einzulassen. Lassen Sie mich nach Harvard zurückkehren, um ein abschließendes, meines Erachtens besonders ironisches Beispiel zu erläutern: eine von führenden Symbolischen Archäolog*innen Amerikas zusammengestellte Aufsatzsammlung mit dem Titel *The Breakout: The Origins of Civilization* (M. Lamberg-Karlovsky 2000).[24] Die Argumentation setzte bei einem Hinweis des Archäologen K. C. Chang an, wonach die frühe chinesische Zivilisation auf einer grundlegend anderen Ideologie beruhte als Ägypten oder Mesopotamien. Sie war im Wesentlichen eine Fortsetzung des Kosmos früherer Jägergesellschaften, in der der Monarch den Schamanen in der Rolle desjenigen ablöste, der eine exklusive und persönliche Beziehung zu den göttlichen Mächten hatte. Daraus resultierte die absolute Autorität. Chang war fasziniert von den Ähnlichkeiten zwischen

24 Die meisten wurden tatsächlich in einer Zeitschrift namens *Symbol* veröffentlicht.

dem frühen China und den klassischen Maya, von dem, was anhand jüngst übersetzter Inschriften über sie bekannt wurde: einem »in Schichten aufgebauten Universum mit dem kosmischen Baum, auf dem Vögel saßen, und religiösem Personal, das die obere, die mittlere und die untere Welt miteinander verband«, Tierboten, der Verwendung der Schrift hauptsächlich für Politik und Ritual, Ahnenverehrung und so fort (1989, M. Lamberg-Karlovsky 2000: 7, Übers. W. P.). Die Staaten, die im 3. Jahrtausend im Nahen Osten entstanden, stellten im Gegensatz dazu eine Art Durchbruch zu einem alternativen, pluralistischeren Modell dar, das seinen Anfang nahm, als Götter und ihre Priesterschaften als vom Staat unabhängig angesehen wurden. Der größte Teil des besagten Buches besteht aus Spekulationen darüber, was dieser Durchbruch wirklich bedeutete. C. C. Lamberg-Karlovsky erklärte, der Schlüssel sei das erste Erscheinen von Freiheits- und Gleichheitskonzepten in königlichen Doktrinen des alten Mesopotamien, die von einem zwischen den Herrschern einzelner Stadtstaaten und ihren Untertanen bestehenden Gesellschaftsvertrag ausgingen – was er als »Ausbruch« bezeichnet, der nach übereinstimmender Meinung der meisten Beitragenden »den Weg in Richtung der westlichen Demokratie weise« (122). Wem diese Ehre gebührte, wurde in der Tat schnell zum Hauptthema der Debatte. Mason Hammond sprach sich für »die indoeuropäischen Ursprünge der Idee einer demokratischen Gesellschaft« aus, wobei er meinte, Vorstellungen von Demokratie hätten »Griechenland nicht über den Kontakt mit dem Nahen Osten oder Mesopotamien erreicht – wo Gleichheit und Gerechtigkeit das Geschenk des Herrschers waren –, sondern rührten von einem indoeuropäischen Konzept der Sozialordnung her, in der, so viel könne man sagen, die Souveränität nicht beim chief gelegen habe, sondern beim Ältestenrat und der Versammlung der waffentragenden Männer« (59). Andererseits sieht Gordon Wiley einen demokratischen Drang vom freien Markt ausgehen, der seiner Ansicht nach in Mesopotamien fortgeschrittener war als in China und in den Maya-Königtümern weitgehend fehlte, wo die Herrscher durch göttliches Recht regierten – »und es gibt dort keinen Beweis für eine ausgleichende Macht innerhalb des chiefdoms oder Staats, die ihn hätte kontrollieren können« (29).[25] Linda Schele, die führende Autorität auf dem Gebiet der klassischen Maya, pflichtet bei; sie fügt hinzu, dass dieser schamanische Kosmos in »modernen Maya-Gemeinschaften« »bis heute lebendig ist und funktioniert« (54). Andere Wissenschaftler*innen versuchen für ihr jeweiliges Arbeitsgebiet in der antiken Welt, Ägypten, Israel, die Harappa-Zivilisation, ein gutes Wort einzulegen.

Manchmal scheinen diese Argumente nahezu komische Parodien der Art von Logik zu sein, die ich an den Historiker*innen kritisiere: ganz augenscheinlich nehmen sie bei ihrer Argumentation an, etwas, für das es keine direkten Zeugnisse gibt, könne so behandelt werden, als existierte es nicht. Besonders unangebracht scheint das zu sein, wenn man sich mit dem frühen Altertum befasst, einem ungeheuer großen Panorama, zu dem Archäologie und Linguistik bestenfalls ein paar winzige Fenster aufreißen können. Ein Beispiel: Die Tatsache, dass die »primitiven Kelten und Germanen« in kommunalen Versammlungen zusammenkamen, beweist als solches nicht,

25 Man ist versucht zu sagen, dass uns das die Wahl lässt zwischen zwei Ursprungstheorien für Huntingtons »westliche Zivilisation«, wovon die eine neoliberal, die andere kryptofaschistisch ist. Aber das wäre wahrscheinlich unfair. Wenigstens behandeln die Autoren hier die breite Zone, die später den Islam einschließt, als Teil eines »westlichen« Blocks, dem sie den Ursprung westlicher Freiheitsideen zuschreiben: auch wenn es schwierig wäre, einen anderen Weg einzuschlagen, da praktisch nichts darüber bekannt ist, was in Europa während dieser frühen Periode geschah. Der wahrscheinlich faszinierendste Beitrag ist Gregory Possehls Aufsatz über die Harappa-Kultur, die erste städtische Zivilisation Indiens, die, nach allem, was wir derzeit wissen, weder ein Königtum noch irgendeine Art zentralisierten Staat gekannt zu haben scheint. Die Frage liegt nahe, was das über die Existenz früher indischer »Demokratien« oder »Republiken« besagt. Könnte es zum Beispiel sein, dass die ersten zweitausend Jahre südasiatischer Geschichte eigentlich die Geschichte der allmählichen Aushöhlung egalitärerer politischer Formen waren?

dass kommunale Versammlungen indoeuropäischen Ursprungs sind – das heißt, wenn man nicht zeigen kann, dass Gesellschaften ohne Staat, die nicht-indoeuropäische Sprachen sprachen, dies nicht taten. Tatsächlich erscheint das Argument fast wie ein Zirkelschluss, da die Autor*innen mit »primitiv« »ohne staatliche Strukturen« oder »verhältnismäßig egalitär« zu meinen scheinen, und solche Gesellschaften beinahe per definitionem nicht autokratisch regiert werden können, egal welche Sprache sie sprechen. Niemandem unter den Autor*innen, die von den klassischen Maya schrieben, ihnen fehlten »ausgleichende Institutionen« in jeder Form (Wiley schildert sogar die blutdürstigen Azteken als weniger autoritär, was sie ihren stärker entwickelten Märkten zu verdanken hätten), scheint es dementsprechend in den Sinn gekommen zu sein, sich zu fragen, wie das antike Rom oder das mittelalterliche England aussähen, müsste man sie ausschließlich auf der Grundlage von zerstörten Bauwerken und offiziellen, in Stein gemeißelten Regierungserklärungen rekonstruieren.

Wenn ich Recht habe mit meiner Argumentation, dann suchen diese Autor*innen nach den Ursprüngen der Demokratie tatsächlich genau dort, wo sie die geringsten Chancen haben, sie zu finden: in den Proklamationen der Staaten, die lokale Formen der Selbstregierung und kollektiver Deliberation weitgehend unterdrückten, und den literarisch-philosophischen Traditionen, die dieses Vorgehen rechtfertigten. (Dies zumindest würde erklären helfen, warum in Italien, Griechenland und Indien gleichermaßen am Beginn der geschriebenen Geschichte souveräne Versammlungen zu finden sind und kurz darauf verschwinden.) Das Schicksal der Maya ist hier lehrreich. Irgendwann gegen Ende des 1. Jahrtausends brach die klassische Maya-Zivilisation zusammen. Archäolog*innen streiten sich über die Gründe; vermutlich werden sie das immer tun; aber die meisten Theorien nehmen an, dass populare Aufstände zumindest eine gewisse Rolle dabei gespielt haben. Als sechshundert Jahre später die Spanier kamen, war die Gesellschaft der

Maya gründlich dezentralisiert, und sie fanden unzählige winzige Stadtstaaten vor, von denen einige offenbar gewählte Anführer hatten. Die Eroberung dauerte viel länger als in Peru und Mexiko, und Maya-Gemeinschaften haben sich durchweg als so rebellisch erwiesen, dass es in den letzten fünfhundert Jahren praktisch keinen Zeitpunkt gegeben hat, an dem nicht wenigstens ein paar sich im Zustand bewaffneten Aufstands befunden haben. Die größte Ironie: die derzeitige Welle einer Bewegung für globale Gerechtigkeit wurde weitgehend von der EZLN, der Zapatischen Armee der Nationalen Befreiung, ausgelöst, einer Gruppe von überwiegend mayasprachigen Rebell*innen in Chiapas, die sich hauptsächlich aus *campesinos* rekrutierten, die sich in neu gebildeten Gemeinschaften im lakandonischen Regenwald wiederangesiedelt hatten. Ihr Aufstand im Jahr 1994 stand ausdrücklich im Namen der Demokratie, worunter sie etwas verstanden, das sehr viel stärker der direkten Demokratie im athenischen Stil ähnelte als die republikanischen Regierungsformen, die sich seither mit dem Wort geschmückt haben. Die Zapatistas entwickelten ein ausgetüfteltes System, in dem kommunale Versammlungen, die auf Konsensgrundlage arbeiteten und von Frauen- und Jugendlichenausschüssen ergänzt wurden, um ein Regulativ gegen die traditionelle Vorherrschaft der erwachsenen Männer zu bilden, durch Gremien mit abberufbaren Delegierten untereinander verknüpft waren. Sie erheben Anspruch darauf, fest in der Tradition verwurzelt zu sein, zugleich aber die Formen, in der mayasprachige Gemeinschaften sich seit Tausenden von Jahren selbst regiert haben, radikalisiert zu haben. Wir wissen, dass die meisten Hochland-Maya-Gemeinschaften mittels eines Konsenssystems regiert wurden, seitdem wir Aufzeichnungen haben: das heißt, seit mindestens fünfhundert Jahren. Es ist zwar möglich, dass es während der Blütezeit der klassischen Maya vor etwas mehr als tausend Jahren in den ländlichen Gemeinschaften nichts dergleichen gegeben hat, doch erscheint das ziemlich unwahrscheinlich.

Allerdings machen sich moderne Rebell*innen ihr eigenes eindeutiges Bild von den klassischen Maya. Wie kürzlich ein Chol-sprachiger Zapatista einem Freund von mir gegenüber bemerkte, während er auf die Ruinen von Palenque zeigte: »Wir haben es geschafft, diese Typen loszuwerden. Ich glaube nicht, dass die mexikanische Regierung damit verglichen eine allzu große Herausforderung sein kann.«

# Teil V: Die Krise des Staats

Wir sind schließlich wieder da, wo wir angefangen haben, beim Aufschwung der globalen Bewegungen, die neue Formen der Demokratie fordern. In gewisser Hinsicht ist es das Hauptanliegen dieses Essays, nachzuweisen, dass die Zapatistas nichts Ungewöhnliches sind. Sie sprechen eine Vielzahl von Mayasprachen – Tzeltal, Tojolobal, Chol, Tzotzil, Mam – und stammen aus Gemeinschaften, denen traditionsgemäß ein gewisses Maß an Selbstregierung gewährt wurde (großteils deshalb, damit sie als indigene Arbeiterreserve für Ranches und Plantagen anderswo eingesetzt werden konnten) und die weitgehend multiethnische Gemeinschaften in neu erschlossenen Gebieten des Lacandón gebildet hatten (Collier 1999; Ross 2000; Rus, Hernandez & Mattiace 2003). Mit anderen Worten, sie bewohnen einen jener Räume der von mir so genannten demokratischen Improvisation – es ist ein geradezu klassisches Beispiel –, wo sich ein durcheinandergewirbeltes Amalgam von Menschen, von denen die meisten zumindest gewisse Anfangserfahrungen in Methoden kommunaler Selbstregierung gemacht haben, in neuen Gemeinschaften außerhalb direkter staatlicher Überwachung wiederfindet. Auch ist nichts sonderlich Neues daran, dass sie sich am Drehpunkt eines globalen Spiels von Beeinflussungen aufhalten: wo sie Ideen von überall her absorbieren und ihr Beispiel eine enorme Wirkung auf soziale Bewegungen auf dem ganzen Planeten ausübt. So führte der erste *encuentro*[26] der Zapatistas 1996 am Ende zur Bildung eines internationalen Netzwerks (*People's Global Action* [PGA]), das auf den Prinzipien von Autonomie, Horizontalität und direkter Demokratie beruht und disparate Gruppen wie das *Movimento dos Trabalhadores Rurais Sem Terra* (MST) in Brasilien, die *Karnataka State Farmer's Association* (KRSS), eine sozialistische, von Ghandi'schen Ideen beeinflusste direkte Aktionsgruppe

26 allgemeine, große bis globale Treffen (A.d.Ü.)

in Indien, die kanadische Postarbeitergewerkschaft und eine Unzahl anarchistischer Kollektive in Europa und Nord- und Südamerika umfasst, zusammen mit indigenen Gruppen auf jedem Kontinent. Es war die PGA zum Beispiel, die anlässlich des WTO-Gipfels in Seattle im November 1999 als erste zum Handeln aufrief. Aber in noch größerem Umfang haben die Prinzipien des *Zapatismo*, die Ablehnung des Avantgardismus, die Betonung gangbarer Alternativen in der eigenen Gemeinschaft als eine Möglichkeit, die Logik des globalen Kapitals zu untergraben, einen enormen Einfluss auf die Teilnehmer an sozialen Bewegungen gehabt, die in einigen Fällen bestenfalls vage Kenntnisse von den Zapatistas selbst und sicherlich noch nie etwas von der PGA gehört haben. Zweifellos gestattet das Wachstum des Internets und der globalen Kommunikation ein viel schnelleres Fortschreiten dieses Prozesses, als dies je zuvor möglich war, und hat formellere, explizitere Bündnisse ermöglicht; aber das bedeutet nicht, dass wir es mit einem Phänomen zu tun hätten, das gänzlich seinesgleichen sucht.

Um festzustellen, wie wichtig die Sache ist, braucht man sich nur zu überlegen, was passiert, wenn man sie nicht ständig vor Augen hat. Lassen Sie mich hier einen Autor anführen, dessen Position der meinen eigentlich sehr nahe ist. In einem Buch mit dem Titel *Cosmopolitanism* (2002) gibt der Literaturwissenschaftler Walter Mignolo einen vorzüglichen Überblick darüber, in welchem Maße Kants Kosmopolitismus oder etwa der UN-Diskurs über Menschenrechte sich einem Kontext von Eroberung und Imperialismus verdanken; danach führt er demokratische Aufrufe der Zapatistas ins Feld, um einem Einwand von Slavoj Žižek zu begegnen, demzufolge Linke ihre Kritik am Eurozentrismus zügeln und die Demokratie als »das wahre Erbe Europas seit dem antiken Griechenland« begrüßen sollten (Žižek 1998: 1009). Mignolo schreibt:

*»Die Zapatistas haben das Wort Demokratie benutzt, obwohl es für sie eine andere Bedeutung hat als für die mexikanische*

*Regierung. Demokratie ist für die Zapatistas nicht in Begriffe der europäischen politischen Philosophie gekleidet, sondern wird in Begriffen aus der Sozialordnung der Maya fassbar, die auf Reziprozität, gemeinschaftlichen (statt individuellen) Werten, Lebensweisheit anstelle Erkenntnistheorie und so weiter basieren ... Die Zapatistas haben keine andere Wahl, als das Wort zu benutzen, das die politische Hegemonie durchgesetzt hat; das Wort zu verwenden, heißt allerdings nicht, dass man sich seiner mono-logischen Interpretation beugt. Von den Zapatistas aufgegriffen, wird das Wort zum Bindeglied, durch das liberale Demokratiekonzepte und indigene Konzepte von Reziprozität und kommunaler Sozialordnung zum Wohle aller miteinander übereinkommen.« (Mignolo 2002: 180, Übers. W. P.)*

Das ist eine nette Idee. Mignolo nennt es »Grenzdenken«. Er schlägt es als Modell vor für die Entwicklung eines gesunden, »kritischen Kosmopolitismus« im Gegensatz zu der von Kant oder Žižek repräsentierten eurozentrischen Variante. Das Problem dabei scheint mir zu sein, dass Mignolo, wenn er so vorgeht, letztlich selbst auf eine bescheidenere Version desselben essenzialisierenden Diskurses hereinfällt, dem er zu entkommen versucht.

Zunächst einmal ist es einfach falsch, zu sagen, dass »die Zapatistas keine andere Wahl haben, als das Wort zu benutzen«. Natürlich haben sie eine Wahl. Andere sich auf eine indigende Basis beziehende Gruppen haben ganz andere Entscheidungen getroffen. Die Bewegung der Aymara in Bolivien, um ein ziemlich beliebiges Beispiel zu wählen, hat sich entschlossen, das Wort »Demokratie« völlig abzulehnen, und zwar aus dem Grund, dass der Terminus nach der historischen Erfahrung ihres Volkes immer nur für Systeme verwendet wurde, die ihnen gewaltsam aufgezwungen wurden.[27] So wie sie es sehen, haben

27 Ich stützte mich hier auf ein Gespräch mit Nolasco Mamani, der u.a. in London während des Europäischen Sozialforums 2004 Aymara-Abgeordneter bei den Vereinten Nationen war.

ihre eigenen Traditionen egalitärer Entscheidungsfindung nichts mit Demokratie zu tun. Die Entscheidung der Zapatistas für das Wort war, so scheint es mir, mehr als alles andere eine Entscheidung gegen alles, was nach Identitätspolitik schmeckte, ein Ruf nach Verbündeten in Mexiko und anderswo unter denen, die an einem breiteren Gespräch über Formen der Selbstorganisation interessiert waren – in ziemlich der gleichen Weise, wie sie ebenfalls ein Gespräch mit denen zu beginnen versuchten, die interessiert daran waren, die Bedeutung von Vokabeln wie »Revolution« zu überprüfen. Ferner läuft es bei Mignolo – worin er Lévy-Bruhl nicht ganz unähnlich ist – auf eine neuerliche Gegenüberstellung von Äpfeln und Birnen hinaus. Schließlich kontrastiert er westliche Theorie und indigene Praxis. Tatsächlich ist *Zapatismo* nicht eine bloße Emanation traditioneller Maya-Praktiken: Seine Ursprünge müssen in einer anhaltenden Konfrontation zwischen diesen Praktiken und, unter anderem, den Ideen lokaler Maya-Intellektueller (von denen viele wahrscheinlich mit dem Werk Kants nicht gänzlich unvertraut waren), denen von Befreiungstheolog*innen (die Anregung fanden in Prophetentexten aus dem alten Palästina) sowie *mestizo* Revolutionär*innen (die ihre Inspiration in den Arbeiten des Vorsitzenden Mao, der in China lebte, fanden) gesucht werden. Die Demokratie wiederum ging nicht aus dem Diskurs von irgendwem hervor. Es ist, als würden Autor*innen wie Mignolo, auch wenn sie die literarische Tradition des Westens nur zum Ausgangspunkt wählen – und selbst, um sie zu kritisieren –, letzten Endes darin immer irgendwie in der Falle sitzen.

In Wirklichkeit ist das »Wort, das die politische Hegemonie durchgesetzt hat«, selbst ein brüchiger Kompromiss. Wäre dem nicht so, würden wir überhaupt nicht dieses griechische Wort, das ursprünglich geprägt worden war, um eine Art kommunaler Selbstregierung zu beschreiben, auf repräsentative Republiken anwenden. Es ist genau dieser Widerspruch, den die Zapatistas aufgriffen. Und es scheint praktisch unmöglich zu sein, ihn loszuwerden. Liberale Theoretiker*innen (z.B. Sartori 2006) bekunden manchmal ein Verlangen, die athenische Demokratie einfach beiseitezufegen, sie für irrelevant zu erklären und mit ihr Schluss zu machen, aber aus ideologischen Gründen wäre ein solcher Schritt einfach unzulässig. Schließlich könnte man ohne Athen unmöglich behaupten, dass »die westliche Tradition« irgendetwas zutiefst Demokratisches an sich hätte. Wir würden uns damit begnügen müssen, unsere politischen Ideale auf die totalitären Grübeleien Platons zurückzuführen oder, wenn nicht, zuzugeben, dass es so etwas wie »den Westen« wirklich nicht gibt. Faktisch haben sich liberale Theoretiker*innen selbst in eine Klemme manövriert. Offenkundig sind die Zapatistas kaum die ersten Revolutionär*innen, die diesen Widerspruch aufgegriffen haben; aber ihr Tun hat diesmal eine ungewöhnlich machtvolle Resonanz gefunden – zum Teil auch, weil wir im Augenblick eine tiefgreifende Krise des Staates erleben.

## Die unmögliche Heirat

Der Widerspruch ist meines Erachtens nicht bloß sprachlicher Natur. Er spiegelt etwas Tieferliegendes wider. Die letzten zweihundert Jahre lang haben Demokrat*innen immer wieder versucht, die Ideale einer popularen Selbstregierung dem Zwangsapparat des Staates aufzupfropfen. Letzten Endes funktioniert das Projekt einfach nicht. Staaten können aufgrund ihrer Eigenart niemals wahrhaft demokratisiert werden. Sie sind schließlich im Grunde genommen Organisationsformen der Gewalt. Die amerikanischen Föderalisten waren ziemlich realistisch, als sie die Auffassung vertraten, dass die Demokratie sich nicht mit einer Gesellschaft verträgt, deren Grundlage eine ungleiche Vermögensverteilung ist; da man, um Wohlstand zu verteidigen, einen Zwangsapparat braucht, um eben jenen »Mob« unter Kontrolle zu halten, den die Demokratie ermächtigen würde. Athen war in dieser Hinsicht ein einzigartiger Fall, da es faktisch eine Übergangslösung war: Es gab da gewisse Ungleichheiten im Einkommen, ja sogar, auch wenn das diskutabel ist, eine herrschende Klasse, aber es gab praktisch keinen formalen Zwangsapparat. Deshalb besteht keine Einigkeit unter den Gelehrten, ob es überhaupt als Staat gelten kann.

Die ganze vorgespiegelte Demokratie verliert sich genau dann in einer Unmenge von Widersprüchen, wenn man das Problem Gewaltmonopol des modernen Staates bedenkt. Ein Beispiel: Zwar haben moderne Eliten die frühere Rede vom »Mob« als der mörderischen »großen Bestie« weitgehend ad acta gelegt, doch kehrt die gleiche Bildsprache in dem Augenblick zurück – fast in exakt der Form, die sie im 16. Jahrhundert hatte –, sobald jemand den Vorschlag macht, einen Aspekt des Zwangsapparats zu demokratisieren. In den USA werden beispielsweise Befürworter*innen der *Fully-Informed-Jury*-Bewegung, die darauf hinweisen, dass die Verfassung den Geschworenen tatsächlich gestattet, auch in Rechtsfragen und nicht nur in Beweissachen zu entscheiden, regelmäßig in den Medien als Personen denunziert, die die Zeit der Lynchmorde und der »Pöbelherrschaft« zurückwünschten. Es ist kein Zufall, dass die Vereinigten Staaten, ein Land, das nach wie vor stolz auf seinen demokratischen Geist ist, auf der Welt auch führend ist in der Mythologisierung, ja Vergötterung seiner Polizei.

Francis Dupuis-Déri (2002) hat den Ausdruck »politische Agoraphobie« geprägt, um auf das Misstrauen hinzuweisen, das öffentlicher Deliberation und Entscheidungsfindung in der westlichen Tradition seit langem entgegengebracht wird, und das in den Werken von Constant, Sieyés oder Madison ebenso präsent ist wie bei Platon oder Aristoteles. Ich möchte hinzufügen, dass selbst die beeindruckendsten Errungenschaften des liberalen Staates, seine wahrhaftesten demokratischen Elemente – zum Beispiel die Garantie der Rede- und Versammlungsfreiheit – auf einer solchen Agoraphobie beruhen. Erst wenn absolut klar wird, dass öffentliche Rede und Versammlung selbst nicht mehr das Medium politischer Entscheidungsfindung sind, sondern bestenfalls ein Versuch, politische Entscheidungsträger zu kritisieren, zu beeinflussen oder ihnen Vorschläge zu unterbreiten, können sie als unantastbar behandelt werden. Entscheidend ist, dass diese Agoraphobie nicht nur von Politiker*innen und Berufsjournalist*innen geteilt wird, sondern in großem Maße von der Öffentlichkeit selbst. Man muss die Gründe dafür, meine ich, nicht in der Ferne suchen. Während liberale Demokratien nichts haben, das der athenischen *agora* ähnelte, fehlt es ihnen nicht an Entsprechungen zum römischen *circus*. Das hässliche Spiegelphänomen (s. Teil II), durch das herrschende Eliten zu Formen der öffentlichen Teilnahme ermutigen, die die Öffentlichkeit fortwährend daran erinnern, wie untauglich sie doch für die Herrschaft sei, scheint in vielen modernen Staaten einen Zustand noch nie gesehener Perfektion erreicht zu haben. Denken Sie hier beispielsweise an das Bild der menschlichen Natur, das man gewinnen könnte, ginge man verallgemeinernd von der Erfahrung aus, die diejenigen machen, die auf der Autobahn zur Arbeit fahren, im Gegensatz zu dem Bild, das man bei Benutzung öffentlicher Verkehrsmittel gewinnen könnte. Die amerikanische – oder deutsche – Liebesgeschichte mit dem Automobil war jedoch das Ergebnis bewusster politischer Entscheidungen, die politische und industrielle Eliten erstmals in den 1930er-Jahren trafen. Eine ähnliche Geschichte könnte man über das Fernsehen, den Konsumismus oder, wie Polanyi vor langer Zeit angemerkt hat, über »den Markt« schreiben.

Jurist*innen sind sich indessen schon seit langem darüber im Klaren, dass durch die Zwangsnatur des Staates sichergestellt ist, dass demokratische Institutionen auf einem fundamentalen Widerspruch gründen. Walter Benjamin hat das klug zusammengefasst, als er darauf hinwies, dass jede Rechtsordnung, die ein Monopol auf Gewaltanwendung beansprucht, durch eine Macht außerhalb ihrer selbst begründet sein muss, was zwangsläufig bedeutet, durch Handlungen, die in jedem vorangegangenen Rechtssystem illegal waren. Die Legitimität eines

Rechtssystems beruht folglich notwendigerweise auf Akten krimineller Gewalt. Amerikanische und französische Revolutionär*innen waren schließlich nach dem Gesetz, unter dem sie aufwuchsen, des Hochverrats schuldig. Natürlich haben es sakrale Könige von Afrika bis Nepal geschafft, dieses logische Problem zu lösen, indem sie sich selbst wie Gott außerhalb des Systems stellten. Aber es gibt, woran uns politische Theoretiker*innen von Agamben bis Negri erinnern, keinen klar ersichtlichen Weg für »das Volk«, in gleicher Weise Souveränität auszuüben. Sowohl die rechte Lösung (konstitutionelle Ordnungen werden von inspirierten Anführern geschaffen, die den Volkswillen verkörpern – seien es nun Gründerväter oder Führer [im Original deutsch] –, und können von ihnen auch wieder beseitigt werden) als auch die linke Lösung (konstitutionelle Ordnungen erhalten ihre Legitimität gewöhnlich durch gewaltsame populare Revolutionen) führen in endlose praktische Widersprüche. Tatsächlich rührt ein Großteil der Gemetzel des 20. Jahrhunderts, worauf der Soziologe Michael Mann (1999) hingewiesen hat, in irgendeiner Weise von diesem Widerspruch her. Der Wunsch, gleichzeitig in jedem Stück Land auf der Oberfläche des Planeten einen einheitlichen Zwangsapparat zu etablieren und den Schein aufrechtzuerhalten, dass die Legitimität dieses Apparats vom »Volk« kommt, hat zu dem fortwährenden Bedürfnis geführt, präzise bestimmen zu wollen, was »das Volk« sein sollte.

> *»In all den verschiedenen deutschen Gerichtshöfen der letzten achtzig Jahre – von Weimar zu den Nazis bis zur kommunistischen DDR und zur Bundesrepublik – haben die Richter die gleiche Eröffnungsformel benutzt: ›Im Namen des Volkes‹ [im Original deutsch]. Amerikanische Gerichte bevorzugen die Formel ›Das Volk gegen X‹.« (Mann 1999: 19, Übers. W. P.)*

Anders gesagt, »das Volk« muss als Autorität hinter der Zuteilung von Gewalt beschworen werden, ungeachtet der Tatsache, dass jede Andeutung einer vielleicht irgendwie möglichen Demokratisierung des Verfahrens wahrscheinlich von allen, die es angeht, mit Entsetzen begrüßt würde. Mann hat die Vermutung geäußert, dass pragmatische Bemühungen um eine Lösung dieses Widerspruchs, nämlich: den Gewaltapparat dazu zu nutzen, »ein Volk« als solches zu identifizieren und zu konstituieren, das die Instandhalter jenes Apparats für Wert erachteten, als Quelle ihrer Autorität zu fungieren, für wenigstens sechzig Millionen Morde allein im 20. Jahrhundert verantwortlich seien.

In diesem Zusammenhang möchte ich zu bedenken geben, dass die anarchistische Lösung – dass es für dieses Paradox schlechthin keine Lösung gibt – wirklich gar nicht so unvernünftig ist. Der demokratische Staat war immer schon ein Widerspruch. Die Globalisierung hat einfach die morsche Untermauerung freigelegt, indem sie Entscheidungsfindungsstrukturen in planetarischem Maßstab notwendig machte, wo jeder Versuch, den Anschein von Volkssouveränitat, geschweige denn -beteiligung, zu wahren, augenscheinlich absurd wäre. Die neoliberale Lösung besteht natürlich darin, den Markt zur einzigen wirklich notwendigen Form öffentlicher Deliberation zu erklären und den Staat fast ausschließlich auf seine Zwangsfunktion zu beschränken. In diesem Kontext leuchtet die Antwort der Zapatistas – die Vorstellung aufzugeben, dass Revolution damit zu tun habe, wie man die Kontrolle über den staatlichen Zwangsapparat erlangen könne, und stattdessen eine Neugründung der Demokratie in der Selbstorganisation autonomer Gemeinschaften vorzuschlagen – völlig ein. Das ist der Grund, warum ein ansonsten obskurer Aufstand im südlichen Mexiko von Anfang an in radikalen Kreisen eine solche Sensation auslöste. Für den Augenblick heißt Demokratie also die Rückkehr in die Räume ihrer Ursprünge: die Räume dazwischen. Ob sie sich anschicken kann, fortan die ganze Welt zu erfassen, hängt vielleicht weniger von der Art der Theorien ab, die wir uns dazu ausdenken, als davon, ob wir ehrlich glauben, dass gewöhnliche Menschen, die in beratschlagenden Gremien zusammenkommen, fähig wären, ihre Angelegenheiten genauso gut zu regeln wie die Eliten, deren Entscheidungen durch die Macht der Waffen gestützt werden, fähig wären, sie für sie zu erledigen – oder ob sie gar, selbst wenn sie es nicht wären, das Recht darauf hätten, es versuchen zu dürfen. Die meiste Zeit in der Geschichte des Menschen haben sich berufsmäßige Intellektuelle, wenn sie solchen Fragen gegenüberstanden, fast durchweg auf die Seite der Eliten geschlagen: ich habe eher den Eindruck, dass, wenn es wirklich darauf ankäme, die überwältigende Mehrheit sich immer noch von den verschiedenen hässlichen Spiegeln verführen ließe und keinen rechten Glauben an die Möglichkeiten einer popularen Demokratie aufbrächte. Aber vielleicht könnte sich auch das ändern.

# Bibliografie


**Adams, John** (1797): Defense of the Constitutions of Government of the United States of America, Against the Attack of M.Turgot in his Letter to Dr. Price, Dated the Twenty-Second Day of March, 1778. Philadelphia: W. Cobbet.

**Arrighi, Giovanni / Ahmad, Iftikhar /Shih, Miin-wen** (1997): »Beyond Western Hegemonies«. Paper vorgestellt auf dem 21. Meeting der Social Science History Association, New Orleans, Louisiana, 10.–13. Oktober 1 1996. https://web.archive.org/web/20110407091803/http://fbc.binghamton.edu:80/gaht5.htm

**Arrighi, Giovanni / Hui, Po-Keung /Hung, Ho-Fung / Selden, Mark** (2003): Historical Capitalism, East and West. In: G. Arrighi, T. Hamashita & M. Selden (Hg.): The Resurgence of East Asia. 500, 150, and 50 Year Perspectives. London: Routledge.

**Axtell, James** (1985): The Invasion Within: The Contest of Cultures in Colonial North America. Oxford: Oxford University Press.

**Baechler, Jean** (1985): Démocraties. Paris: Calmann-Lévy.

**Benjamin, Walter** (1999 [1921]): Zur Kritik der Gewalt. In: Gesammelte Schriften. 7 Bde. Hrsg. von Rolf Tiedemann & Hermann Schweppenhäuser. Frankfurt am Main: Suhrkamp, Bd. II, 1: 179–204 [urspr. Archiv für Sozialwissenschaften und Sozialpolitik, 1921] (engl.: Critique of Violence. In: Reflections: Essays, Aphorisms, and Autobiographical Writings. New York: Harcourt Brace Jovanovich 1978).

**Calloway, Colin** (1997): New Worlds For All: Indians, Europeans, and the Remaking of Early America. Baltimore: Johns Hopkins.

**Castoriadis, Cornelius** (1991): Philosophy, Politics, Autonomy. Essays in Political Philosophy. New York: Oxford University Press.

**Chang, K.C.** (1989): Ancient China and Its Anthropological Significance. In: C.C. Lamberg-Karlovsky (Hg.): Archaeological Thought in America. Cambridge-New-York, S. 155–166

**Collier, George Allan** (mit Elizabeth Lowery Quaratiello) (1999): Basta! Land and the Zapatista Rebellion in Chiapas. Hrsg. von Food First/institute for Food & Development Policy.

**Dever, William G.** (2000): How Was Ancient Israel Different? In: M. Lamberg-Karlovsky (Hg.). The Breakout.

**Dupuis-Déri, Francis** (1999): L'Esprit Anti-Démocratique des Fondateurs des ›Démocraties‹ modernes. Agone 22. S. 95–113.

– (2002): The Struggle Between Political Agoraphobia and Agoraphilia. Paper vorgestellt am Massachusetts Institute of Technology, Political Science Workshop.

– (2004): The Political Power of Words: The Birth of Pro-Democratic Discourse in the Nineteenth Century in the United States and Canada. Political Studies 52: S. 118–134.

– (2005): Anarchy in Political Philosophy. Anarchist Studies 13, 1. S. 8–22.

**Federici, Silvia** (Hg.) (1995): Enduring Western Civilization: The Construction of the Concept of Western Civilization and its »Others«. London: Praeger.

**Gilroy, Paul** (1993): Der Black Atlantic. Berlin: Haus der Kulturen der Welt (engl.: (1993) The Black Atlantic. Modernity and Double Consciousness. Cambridge: Harvard University Press).

**Godbout, Jacques** (2005): Pas de représentation sans représentativité? Revue du MAUSS, Semestrielle 26. S. 90–104.

**Gogwilt, Chris** (1995): True West: The Changing Idea of the West from the 1880s to the 1820s. In: Federici (Hg.) (1995).

**Graeber, David** (2001): Die falsche Münze unserer Träume. Wert, Tausch und menschliches Handeln. Diaphanes: Zürich 2012 (engl.: (2001) Toward an Anthropological Theory of Value. New York: Palgrave).

– (2005: Fetishism and Social Creativity, or Fetishes are Gods in Process of Construction. Anthropological Theory 5, 4. S. 407–438. [= Kapitel 4 in Possibilities. Essays on Hierarchy, Rebellion, and Desire. Oakland/Edinburgh: AK Press 2007].

– (2022): Fragmente einer anarchistischen Anthropologie [in diesem Band].

**Grinde, Donald A.** (1977): The Iroquois and the Founding of the American Nation. San Francisco: Indian Historian Press.

**Grinde, Donald A. / Johansen, Bruce E.** (1990): Exemplar of Liberty: Native America and the Evolution of Democracy. Los Angeles: University of California Los Angeles.

**Hammond, Mason** (2000): The Indo-European Origins of the Concept of a Democratic Society. In: M. Lamberg-Karlovsky (Hg.). The Breakout.

**Ho, Engseng** (2004): Empire Through Diasporic Eyes: A View From the Other Boat. Comparative Studies in Society and History 46, 2. S. 210–246.

**Huntington, Samuel P.** (1993): The Clash of Civilizations. Foreign Affairs 72, 3. S. 22–48.

– (1996): The West: Unique, Not Universal. Foreign Affairs 75, 1. S. 28–46 [»What Makes the West Western?« ist ein Abschnitt überschrieben].

**Johansen, Bruce** (1982): Forgotten Founders: How the American Indian Helped Shape Democracy. Boston: Harvard Common Press.

– (1996): Sauce for the Goose: Demand and Definitions for ›Proof‹ Regarding the Iroquois and Democracy. William & Mary Quarterly 53, 3. S. 621–635

– (1998): Debating Democracy: Native American Legacy of Freedom. Santa Fe: clear Light Publishers.

**Kyle, Donald G.** (1998): Spectacles of Death in Ancient Rome. New York: Routledge.

**Lamberg-Karlovsky, C.C.** (2000): The Eastern ›Breakout‹ and the Mesopotamian Social Contract. In: M. Lamberg-Karlovsky (Hg.). The Breakout.

**Lamberg-Karlovsky, Martha** (Hg.) (2000). The Breakout: The Origins of Civilization. Peabody Museum Monographs. Cambridge: Harvard University Press.

**Levy, Philip A.** (1996): Exemplars of Taking Liberties. The Iroquois Influence Thesis and the Problem of Evidence. William & Mary Quarterly 53, 3. S. 587–604.

**Lévy-Bruhl, Lucien** (1922): Das Denken der Naturvölker. Wien: Braumüller (engl. (1986) How Natives Think. Lilian Clare, trans. Salem: Ayer & Co.).

**Lewis, Martin W. / Wigen, Kären E.** (1997): The Myth of Continents: A Critique of Metageography. Berkeley: University of California Press.

**Linebaugh, Peter** (1991): The London Hanged. Crime and Civil Society in the Eighteenth Century. New York: Allen Lane, The Penguin Press.

**Linebaugh, Peter/ Rediker, Marcus** (2008): Die vielköpfige Hydra. Die verborgene Geschichte des revolutionären Atlantiks. Berlin: Assoziation A (engl. (2000) Many-Headed Hydra: Sailors, Slaves, Commoners, and the Hidden History of the Revolutionary Atlantic. Boston: Beacon Press).

**Lomar, Kathryn / Cornell, Tim** (Hg.) (2003): Bread and Circuses. Euergetism and Municipal Patronage in Roman Italy. London: Routledge.

**Lovejoy, Arthur** (1955): The Chinese Origin of a Romanticism. In Ders.: Essays in the History of Ideas. New York: George Braziller.

**Macgaffey, Wyatt** (1994): African Objects and the Idea of the Fetish. RES. Journal of Anthropology and Aesthetics 25. S. 123–31.

**Manin, Bernard** (1994): On Legitimacy and Political Deliberation. In: M. Lilla (Hg.): New French Thought: Political Philosophy. Princeton: Princeton University Press.

**Mann, Michael** (1999). The Dark Side of Democracy. The Modern Tradition of Ethnic and Political Cleansing. New Left Review 235. S. 18–45.

**Markoff, John** (1995): Waves of Democracy: Social Movements and Political Change. Thousand Oaks, CA: Pine Forge Press.

– (1999): Where and When Was Democracy invented? Comparative Studies in Society and History 41, 4. S. 660–690.

**Mignolo, Walter D.** (2002): The Many Faces of Cosmo-polis. Border Thinking and Critical Cosmopolitanism. In: C. Breckenridge, S. Pollock, H. Bhabha & D. Chakrabarty (Hg.): Cosmopolitanism. Durham, NC: Duke University Press.

**Muhlberger, Steven / Paine, Phil** (1993): Democracy's place in World History. Journal of World History 4, 1. S. 23–45.

– (1997): Democracy in Ancient India. http: //www. nipissingu.ca/ department/history/histdem/ (22. November 2004)

**Negri, Antonio** (1999): Insurgencies: Constituent Power and the Modern State. Minneapolis: University of Minnesota Press [erscheint auf Deutsch im Mandelbaum Verlag].

**Newman, Michael** (1998): Founding Feathers. The Iroquois and the Constitution. The New Republic 199, 19. S. 17–21.

**Ober, Josiah** (1996): The Athenian Revolution: Essays on Ancient Greek Democracy and Political Theory. Princeton: Princeton University Press.

**Ostrom, Elinor** (1990): Governing the Commons: The Evolution of Institutions for Collective Action. Cambridge: Cambridge University Press.

**Payne, Samuel B.** (1996) The Iroquois League, the Articles of the Confederation, and the Constitution. William and Mary Quarterly 53 3. S. 605–620.

**Pietz, William** (1985): The Problem of the Fetish I. RES. Journal of Anthropology and Aesthetics 9. S. 5–17.

– (1987): The Problem of the Fetish II. The Origin of the Fetish. RES: Journal of Anthropology and Aesthetics 13. S. 23–45.

– (1988): The Problem of the Fetish IIIa. Bosman's Guinea and the Enlightenment Theory of Fetishism. RES: Journal of Anthropology and Aesthetics 16: S. 105–123.

**Quain, Buell H.** (1937): The Iroquois. In: Margaret Mead (Hg.): Cooperation and Competition Among Primitive Peoples. New York: McGow-Hill, S. 240–281.

**Rediker, Marcus** (1981): ›Under the Banner of King Death‹. The Social World of Anglo-American Pirates, 1716–1726. William & Mary Quarterly 38, 2. S. 203–227.

– (1987): Between the Devil and the Deep Blue Sea: Merchant Seamen, Pirates, and the Anglo-American Maritime World, 1700–1750. Cambridge: Cambridge University Press.

– (2004): Villains of All Nations: Atlantic Pirates in the Golden Age. Beacon Press: Boston.

**Ross, John** (2000): The War Against Oblivion: The Zapatista Chronicles 1994–2000. Monroe, ME: Common Courage Press.

**Rus, Jan / Hernández Castillo, Rosalva Aida / Matiace, Shannan L.** (Hg.) (2003): Mayan Lives, Mayan Utopias. The Indigenous People of Chiapas and the Zapatista Rebellion. Lanham, MD: Rowman & Littlefield.

**Sakolsky, Ron & James Koehnline** (Hg.) (1993): Gone to Croatan: The Origins of North American Dropout Culture. Brooklyn, NY: Autonomedia.

**Sartori, Giovanni** (2006): Demokratietheorie. Darmstadt: Wissenschaftliche Buchgesellschaft (engl. (1987) The Theory of Democracy Revisited. Chatham, NJ: Chatham House).

**Saxonhouse, Arlene W.** (1993): Athenian Democracy: Modern Mythmakers and Ancient Theorists. PS: Political Science and Politics 26, 3. S. 486–490.

**Snow, Dean R.** (1994): The Iroquois. London: Blackwell.

**Tooker, Elizabeth** (1988): The United States Constitution and the Iroquois League. Ethnohistory 35. S. 305– 336.

– (1990): Rejoinder to Johansen. Ethnohistory 37. S. 291–297.

**Toynbee, Arnold** (1950/1958): Der Gang der Weltgeschichte (übs. der autorisierten, auf zwei Bände gekürzten Fassung von D.C. Somervell]. 2 Bde. Zürich: Europa (engl. (1934-1961) A Study of History, 12 Bände. New York: Oxford University Press).

**Trouillot, Michel-Rolph** (2003): Global Transformations. Anthropology and the Modern World. New York: Palgrave.

**Veyne, Paul** (1988): Brot und Spiele. Gesellschaftliche Macht und Politische Herrschaft in der Antike. Frankfurt am Main: Campus (franz. (1976) Le Pain et le Cirque: Sociologie Historique d'un Pluralisme Politique. Paris: Editions du Seuil).

**Wilkinson, David** (1985): Central Civilization. Comparative Civilizations Review, Fall 1985. S. 31–53.

**Žižek, Slavoj** (1998): A Leftist Plea for Eurocentrism. Critical Inquiry 24, S. 989–1009.

## Editorische Notiz des Verlags

Für dieses Buch wurde die Übersetzung von Werner Petermann gründlich durch den Verlag überarbeitet und aktualisiert, insbesondere vor dem Hintergrund neuerer Veröffentlichungen.

Die beiden Übersetzungen der hier vorliegenden Texte erschienen zuerst 2008 in der Sammlung »Frei von Herrschaft« im Peter Hammer Verlag.